학교생활 잘해야
대학도 잘 간다

한 권으로 보는 자유학기제 & 학생부종합전형 학년별 통합로드맵

학교생활 잘해야
대학도 잘 간다

| 임명선·정학경 지음 |

카시오페아
Cassiopeia

학교생활이
대학을 결정한다

지금까지 이런 책은 없었다. 많은 공부법 저서와 입시서적이 나왔지만 가장 근본적인 처방을 다룬 '학교생활 지도서'는 없었다. 우리 아이들이 가정보다 더 많은 시간을 보내는 곳이 어디일까? 바로 학교다. 아이들은 학교에서 꿈을 키우고 성장한다. 그런데 그동안 우리는 얼마나 학교보다 학원을 강조했는가. 이제 시대가 바뀌었다. 꿈꾸는 연습(진로 디자인)을 잘하는 아이가 입시에서도 유리하도록 교육제도는 진화하고 있다. 이 일련의 과정은 모두 '학교생활' 안에서 이루어지도록 시스템화 되는 중이다.

우리는 전국의 많은 중·고등학교에 다니며 청소년들과 학부모들을 만난다. 학교 안에서 아이들을 만나 볼 때마다 뼈저리게 실감하는 것이 있다. 학생을 입시 성공으로 이끄는 것은 '일회적인 기술'과 '원서 쓸 때 돈 들이는 컨설팅'이 아니라, '근본적인 학교생활의 변화'라는 것이다. 생활은 전인격적인 것을 반영한다. 정신, 마음, 건강, 지식, 인간관계 모든 부분이 균형 잡히고 만족스러워야 한다. 이러한 학교생활의 균형과 만족이 있어야 아이들이 행복한 입시를 준비할 수 있기에 좀 더 근본 역량을 강화시켜 주는 책을 낼 수밖에 없었다.

이제 대한민국 입시는 수시전형이 정착되었고, 수시 안에서도 학생부종합전형의 비중이 커지고 있다. 학생부종합전형은 점수로 학생을 선발하는 제도가 아니라 학교생활 12년의 과정이 열매로 맺히는 전형이다. 한 번의 시험 결과로 학생을 평가하는 게 아니라 한 학생이 학교에서 어떻게 학습해 왔고, 어떤 활동을 해 왔으며, 어떤 인성을 지니고 있는지 '과정'을 평가한다. 그 과정을 평가하는 근거가 무엇일까? 바로 '학교생활기록부'다. 멋진 기록은 멋진 생활에서 나온다. 생활이 엉망이면 기록도 엉망이다. 그러므로 학생부종합전형에 성공하려면 학교생활기록부에 기록될 원재료인 학교생활을 충실히 하는 것이 최선의 전략이다.

하지만 이런 변화 속에서도 부모들은 여전히 학생부종합전형의 참의미를 잘 이해하지 못하고 사교육 현장의 소리에만 휘둘린다. 그저 자기소개서를 잘 쓰고 면접만 잘 보면 되는 것으로 생각하기도 한다. 아직도 많은 부모들이 학교생활기록부 기재 방법을 이해하지 못하거나, 무작정 공부만 하라고 아이를 몰아가기도 한다. 심지어 '학생부 기록만 잘 되면'이라는 다급한 마음에 자녀의 학생기록부를 누군가에게 맡겨 급조해서 선생님에게 내밀기도 한다. 이제 대입 성공은 남다른 학교생활 기록부를 만들어낼 수 있는 자기주도력과 학교생활을 잘해 나가는 근본 역량을 소유했는가에서 판가름난다. 학생부종합전형 성공 비법은 간단하다. 바로 '꿈', 열정적인 학교생활을 통한 '성장', 그리고 효과적인 '기록'이다.

　과연 '꿈'으로 대학에 갈 수 있을까? 그저 본인이 좋아하는 활동을 열정적으로 했을 뿐인데 그것으로 대학에 갈 수 있다면 얼마나 행복할까? 이 책은 자녀의 꿈과 입시가 하나되는 길(track)을 스스로 만들 수 있도록, 부모가 어떻게 자녀를 지도해야 할지 다뤘다. 중학교 자유학기제와 고등학교 학생부종합전형은 한 트랙으로 연결되어 있다. 그래서 중학교는 자유학기제를 중심으로, 고등학교는 학생부종합전형을 중심으로 학교생활을 어떻게 해나가야 하는지 학년별로 자세히 다뤘다.

　중학교 시절은 학생부종합전형에서 필요한 학업역량, 전공적합성, 발전가능성, 인성을 증명해 낼 역량의 씨앗을 심고 가꾸는 시기다. 근육과 기초체력을 키워 주는 시기이기에 중학교 파트(2~4장)에서는 '근본 원리'를 많이 다뤘다. 중학생 자녀를 둔 부모라면 이 부분을 염두에 두고 책을 읽고 자녀를 지도해 주면 좋다. 고등학교 파트(5~7장)는 자녀 스스로 이 책을 보면서 입시를 준비할 수 있도록 저술했다. 학생이 이 책을 '나'만의 코치라고 여길 정도로 구체적인 전략과 정보를 다루어 실용성이 높도록 구성했다. 책상에 꽂아 놓고 새 학기마다, 필요할 때마다 꺼내 보면 효과적이다. 이처럼 중학교와 고등학교의 연결 때문에 학교생활기록부 관련 내용도 중학교 파트는 '관리능력'을 키우도록 다루었고, 고등학교는 중학교 때 형성된 관리능력으로 '디자인'을 잘할 수 있도록 '학생부 디자인'을 다루었다.

모두가 한 방향으로 뛰게 하면 한 명만 1등이지만 각자의 방향으로 뛰게 하면 모두가 1등이다. 이제 우리 자녀가 자신만의 트랙을 만들도록 근본 역량을 키워 주는 건 어떨까? 그래서 지긋지긋한 전쟁 같은 입시를 치르는 학창시절이 아니라 성취감을 맛보는 행복한 십 대를 보내도록 코칭하자! 코치에게 필요한 자질들이 정말 많지만 그중 하나는 전략과 정보다. 아무리 긍정적인 지지와 위로를 해 주어도 근본적인 해결을 찾을 수 있도록 못 도와주면 어느새 서로 한계에 다다르고 지치기 때문이다. 이 책이 진로와 입시를 잘 볼 줄 아는 전략을 갖춘 코치형 부모가 되고자 하는 당신에게 많은 도움이 되길 간절히 바란다.

Contents

3장
중2 학교생활 코칭
자기주도학습으로 '학교생활기록부 관리능력'을 키워라

4장
중3 학교생활 코칭
특목고냐, 일반고냐? 성공 고입 전략

5장
고1 학교생활 코칭
꿈과 입시가 하나 되는 고등학교 생활

6장

고2 학교생활 코칭
대학의 눈에 확 띄는 인재가 되는 법

7장

고3 학교생활 코칭
성공적인 대입을 위한 전력 질주

UNIVERSITY

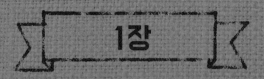

1장

자유학기제 & 학생부종합전형
학교생활도 전략이다

중학교는 아이에게 '제2의 탄생 시기'이다

초등학교까지의 성적과 중학교에서의 성적에는 큰 차이가 있다. 공부를 잘했던 아이가 중학교에 가서 두각을 나타내지 못하는 경우가 많다. 성적만이 아니다. 초등학교 때 말 잘 듣고 착했던 아들이 중학생이 되면서 동네에서 유명한 문제아가 되기도 하고, 초등학교 때까지 귀엽던 딸이 사나운 욕설을 하며 덤벼들기도 한다. 그래서 많은 엄마가 사춘기를 겪어 봐야 비로소 아이를 키웠다고 말한다. 자녀의 달라진 모습으로 인해 우울증에 빠진 엄마들도 많이 보았다. 이처럼 중학교 시기는 자녀들에게도 엄마들에게도 격동기임이 분명하다. 요즘은 초등학교 때부터 사춘기가 시작된 아이들도 많지만, 일반적으로 중학교 때 사춘기는 절정을 이룬다. 사춘기는 진정한 자아를 찾아가기 위한 '제2의 탄생 시기'이다. 그래서 필자는 강의 때마다 엄마들에게 강조해 왔다.

"엄마들이 다시금 자녀를 태어나게 해 주어야 자녀가 제대로 된 제2의 탄생을 할 수 있습니다."

'응애' 하고 울며 엄마 배에서 나왔던 제1의 탄생은 엄마의 '몸으로부

16

터 분리'하는 시기였다면, 이제 독립된 자아를 가진 성인으로 서야 하는 제2의 탄생 시기에 엄마는 자녀를 '마음으로부터 분리'해야 한다. 사춘기에 이른 건강한 자녀들은 더 이상 엄마 마음대로 자신이 조정 당하는 것을 원하지 않는다. 그것이 자연스럽고 건강하다. 그런데 많은 엄마가 마음으로부터 자녀를 독립시키지 못한다. 하지만 생각해보자. 10개월 동안 아이를 배 속에 잉태하고 있다가 예정일이 지나도 아이가 나올 기미가 보이지 않으면 분만을 유도해서 출산하게 한다. 왜? 산모도 위험하고 태아도 위험하기 때문이다.

중학교 시절 건강한 자아독립은 필수과정이다. 요즘 이 과정에서 실패해 상담소를 전전하는 엄마와 자녀들이 늘고 있다. 엄마들이여, 제2의 출산을 두려워하지 말자! 출산의 진통이 몰려오고 죽음 같은 고통의 시간을 지나 자녀가 몸 밖으로 나왔을 때의 희열을 엄마들은 경험했다. 사춘기 또한 제2의 희열을 맛보게 해 주리라.

내 자녀가 스스로 자신의 꿈을 꾸고 그 꿈을 위한 목표를 세우고, 자신을 평가해 가며 꿈을 위해 공부하는 모습을 바라보는 그 희열! 그 희열은 전교 1, 2등 엄마뿐 아니라 모든 엄마들이 맛볼 수 있는 희열이다. 전교 꼴찌부터 전교 1등까지 자신의 능력 안에서 진로를 탐색하고 자신에게 필요한 것들을 배워 나가는 행복을 엄마도 누려야 하고 자녀도 누려야 하지 않겠는가?

'공부 상처'로부터
탈출하자

고등학교 학부모 교육을 마치고 나면 엄마들이 늘 하는 말이 있다.

"강사님 강의를 우리 아이가 중학생이었을 때 들었어야 해요."

중학교 학부모들은 어떻게 말할까?

"강사님 강의를 우리 아이가 초등학생이었을 때 들었어야 해요."

초등학교 학부모들은 이렇게 말한다.

"강사님 강의를 우리 아이가 유치원에 다닐 때 들었어야 해요."

그런 학부모들에게 필자는 확실하게 말한다.

"맞습니다!"

자녀에게 잘못된 교육, 잘못된 학습을 오래 시키면 시킬수록 자녀는 명문대로부터 멀어진다. 우리나라 엄마들의 자녀교육 특징 중 하나가 '조기교육'과 '냄비교육'이다. 뭐든지 미리 하면 좋다는 강한 믿음이 있고, 옆집 아이가 하면 우리 아이도 해야 한다는 냄비 근성이 있다. 그렇다 보니 엄마들은 초등학교 때까지 큰 비용과 에너지를 쏟는다. 사실 이 시기에 가장 중요한 것은 아이들이 스트레스 없는 환경에서 건강한 자아를 형성해 가는 것인데 말이다.

'조기교육'과 '냄비교육'이 그 자체로도 문제이긴 하지만, 중요한 것은 부모들이 이런 교육 태도를 중학교까지도 이어 가려 한다는 것이다. 자녀에게 삶의 선택권, 학습의 선택권을 넘기지 못하는 것이다. 이런 상태에서 중학교에 올라가 자녀의 성적이 좋지 않으면, 처음에는 자녀의 성적을 올리기 위해 애를 쓴다. 이번 성적은 분명 실수였을 거라고 스스로 위로하며 자녀의 학원과 과외 선생님을 바꾼다. 그런데도 성적이 오르지 않으면 엄마들은 그때부터 심각한 '성적 상처'와 실패감에 시달린다. 그리고 급기야 자포자기하기 시작한다.

"너는 원래 공부에 재능이 없나 보다. 너 하고 싶은 거나 해……."

여기서 중요한 것은 '하고 싶은 거 해'라는 말이 자녀의 진로에 대한 믿음과 재능을 믿어서가 아니라 '공부를 못하니 다른 거라도 해야지 별 수 있겠니'라는 절망의 메시지가 담겨 있다는 것이다. 이걸 왜 자녀들이 모르겠는가? 그러다 보니 아이들은 공부를 못하면 실패자로 자신을 평가절하하기 시작한다.

이제 자녀를 실패자로 만드는 올가미에서 벗어나야 한다. 공부만으로 성공하는 시대는 지났다. 진로가 설정되면 자녀들은 공부에 대한 열정을 회복할 수 있다. 성적이 낮다고 진로까지도 패배주의적 선택을 하게 해서는 안 된다. 그것은 자녀의 가능성을 짓밟는 폭력과도 같다. 공부를 못하니까 하고 싶은 것이나 하라는 것은 진로설정 방법 중 최악의 선택이다. 자녀의 진로를 먼저 설정하고 거기에 맞는 공부를 하게 하는 것이 공부와 성적이 주는 상처의 올가미에서 벗어나는 방법이다.

깨인 부모 vs. 덜 깨인 부모

여전히 우리나라 부모들은 자신이 학창시절을 보내던 시대의 '성적을 통한 인생 상승'의 시나리오에 익숙하다. 열심히 공부해서 좋은 대학에 가고 좋은 직장을 얻으면 성공할 거라는 낡은 교육관념을 지금도 갖고 있다. 필자가 왜 이를 '낡은 교육관념'이라 말할까? 지금부터 낡은 교육관념을 지닌 부모와 세상의 변화를 감지하고 깨인 교육관념을 지닌 부모를 비교해 보고자 한다.

깨인 부모	덜 깨인 부모
우리가 사는 시대는 4차 산업혁명의 시대임을 알고 있다.	우리가 사는 시대를 여전히 3차 산업시대로 본다.
명문대는 진로로 대학을 가는 시대다.	명문대일수록 성적만으로 대학을 간다.
중등 자유학기제는 꿈을 찾는 경험을 하는 최고의 교육 기회이다.	중등 자유학기제는 시험도 보지 않는 학습의 무덤이다.
의미와 가치 추구를 이루기 위해 공부한다.	잘 먹고 잘 살기 위해 공부한다.
공부해서 남 줘라.	공부해서 남 주냐?
1년을 살았으면 1년 만치 성장해라.	그저 돈 많이 벌고 성공만 하면 된다.

깨인 부모는 시대가 변했다는 것을 직시하고 있다. 이제 3차 산업 시대는 갔고, 4차 산업시대가 다가오고 있다고 미디어와 학자들은 말한다. 1차 산업의 혁명이 증기기관차였고, 2차 산업혁명은 대량생산, 3차 산업혁명은 전자 IT 자동생산이었다. 이 혁명이 인류에 어떤 영향을 미쳤는지 우리는 알고 있다. 이제 세상은 새로운 차원의 4차 산업혁명을 맞이하게 되었다. 4차 산업혁명이란 인공지능, 로봇공학, 사물인터넷(IOT)을 비롯해 자율주행 차량, 3D 프린팅, 나노기술, 바이오기술 같은 새로운 기술들이 몰고 올 혁명적인 변화를 지칭하는 말이다.

이 4차 산업혁명의 여파는 지구 전체에 큰 변화를 몰고 올 것이다. 가장 중요한 것은 지금까지 우리가 알고 있는 직업을 사라지게 하고 새로운 직업을 만들어낸다는 것이다. WEF(세계경제포럼)의 보고에 따르면 4차 산업혁명으로 인해 생산, 경영, 산업 지배구조가 완전히 바뀌게 된다고 한다. 무선통신을 기반으로 전 세계인들이 연결되면서 직업의 기본 개념과 작동 방식 자체가 획기적으로 바뀌게 된다는 것이다. WEF는 2020년까지 향후 5년간 4차 산업혁명으로 인해 총 710만 개 일자리가 사라지게 되리라 전망했다. 반면 로봇을 비롯한 신규 기술이 새롭게 만들어낼 일자리는 200만 개에 불과하다. 중요한 것은 인력 구조다. WEF는 앞으로 기업들은 소수 핵심 정직원들을 중심으로 인력 풀을 형성하면서 다른 나라와 외부 컨설턴트, 혹은 프로젝트별 계약 직원으로 보충하는 방식의 채용 구조를 가져가게 되리라 전망했다.

자, 이런 시대의 변화에 깨어 있는 부모는 어떤 조직에 정규직으로 들어가 안정적인 월급을 받으며 살아가는 시대가 저물어 가고 있음을 감지한다. 이제 미래사회가 원하는 미래인재는 국제 감각, 자기주도력, 그리고 기계가 대체할 수 없는 창의융합능력이 필요하다. 주입식 교육을 반복하고 점수만을 목표로 공부하다 보면 시대가 요구하는 4차 산업 혁명적 인재가 되는 데서 밀려난다. 즉, 죽어라 공부만 하고 얻는 게 하나도 없을 수 있다. 로봇이나 컴퓨터보다 못한 단순지식노동자로 전락할 수도 있는데 이것이야말로 아주 큰 비극이 아닌가.

이제 시선을 돌려보자. 어떤 분야에서 전문성을 갖추고 성공한 사람들을 살펴보면 특징이 있다. 그것은 바로 자신이 꿈꾼 일을 하고 있다는 것이다. 즉, 꿈에 기초한 진로를 설정할수록 성공할 확률이 높다는 것이다. 그래서 깨인 부모는 입시와 진로를 분리하지 않는다. 그리고 자녀의 꿈을 통해 대학을 보내는 학생부종합전형에도 깨어 있다. 그런데 덜 깨인 부모들은 여전히 성적만으로 명문대를 가라고 말한다. 열심히 공부해서 명문대에 들어갔다고 하자. 그러나 자녀가 자신의 꿈을 이루고자 하는 열정 부족으로 특정 분야의 전문가로 성장할 확률은 높지 않을 것이다.

깨인 부모는
자유학기제와 학생부종합전형을
환영한다

    깨인 부모들은 자녀의 경험에 초점을 맞춘 교육을 한다. '경험'이 왜 중요할까? 김연아 선수가 어렸을 때 스케이트장에 가 보지 않았다면 그 재능과 꿈을 발견할 수 없었을 것이다. 자녀의 진로는 다양한 경험을 토대로 찾을 수 있다. 깨어 있는 부모들은 이것을 알고 아이가 어릴 때 주입식 교육보다 경험 위주의 공부를 시킨다. 초등학교 때까지 주입식 교육으로 아이를 공부감옥에 가두지 않는다. 가족여행을 자주 다니고 함께 책을 읽는다. 다양한 곳을 다니며 다양한 주제의 대화를 나눈다.

    2016년부터 중학교 과정에 자유학기제가 전면 시행되었다. 깨어 있는 부모들은 자유학기제를 자녀가 진로를 탐색할 수 있는 경험을 하는 좋은 기회로 여긴다. 자신이 시간과 돈을 써서 해 줄 것을 공교육이 시켜 주니 더 좋다고 생각한다. 자녀가 자유학기제를 통해 자유롭게 행복하게 진로를 탐색하길 진심으로 원한다. 그런데 덜 깨인 부모는 자유학기제가 불안하다. 일단 시험이 없다는 게 너무 불안하다. 시험이 없으면 자녀가 공부를 더 안 할 것이라고 걱정을 사서 한다. 책으로 하는 공부만이 공부가 아니다. 다양한 직업인을 만나고, 다양한 현장을 가 보고, 다양한 이야기를 듣는 것도 공부임을 깨어 있는 부모들은 알고 있다. 학생들과 꿈에 관한 이야기를 나누어 보면 놀랍게도 다음과 같은 말을 한다.

"엄마가 안정적인 공무원이 최고래요."

"아빠가 그딴 거 할 거면 고등학교만 졸업하고 돈이나 벌래요."

"아빠가 그러는데 직장은 어디나 다 스트레스래요. 그냥 견디는 거래요. 월급만 많으면 된대요."

여전히 자녀에게 먹고살기 위해 대학에 가고 많은 돈을 받기 위해 진로를 선택하라는 부모들이 많다. 물론 다 안다. 먹고사는 것은 현실적인 문제다. 그런데 큰돈을 번 사람들을 한번 살펴보라. 그들은 그 돈을 벌기 전에 자신이 하고자 하는 일에 뚜렷한 꿈이 있었다. 깨어 있는 엄마는 이것을 안다. 그래서 자녀가 추구하는 삶의 의미와 가치를 위해 공부하도록 돕는다. 그저 밥벌이 수단으로서의 공부는 너무 고달프다. 자신을 향한 의미 추구와 세상을 돕고자 하는 가치 추구에 기반을 둔 공부는 열정이 식지 않는다. 깨어 있는 엄마들은 자녀들에게 삶의 소명감을 갖도록 한다.

또한 깨어 있는 부모들은 자녀들이 스스로를 성찰하게 하고, 자신의 행동에 대해 냉철한 분석을 하게 한다. 성적을 예로 들어 볼까? 깨어 있는 엄마들은 시험공부 하라고 잔소리하지 않고 믿고 맡긴다. 대신 시험이 끝났을 때 무엇을 틀렸는지 철저히 분석하게 한다. 왜 틀렸고 무엇을 잘못해서 틀렸는지 스스로 분석하고 반성하게 한다. 왜일까? 이 과정이 있어야 성장하고 발전하기 때문이다. 대부분 성적이 낮은 학생들은 자신이 시험에서 틀린 문제를 다시는 거들떠보지 않는다. '끝난 시험인데 뭘' 하고 생각해 버린다. 엄마가 "성적이 왜 이래?"라고 고함쳐도 '아이고, 우리 엄마 또 시작이다.'라고 생각할 뿐이다. 그래서 서로 성장이 없다.

깨어 있는 엄마는 자녀의 행동을 사사건건 간섭하지 않는다. 대신 잘못된 행동은 반성하게 하고 거기서 배운 점을 인식시키고 행동을 바로잡을 수 있도록 돕는다. 이 능력은 학교생활에서나 사회생활에서나 매우 필요한 능력이다. 자신을 바로 인식하고, 성장시킬 수 있는 능력이 있는 사람들은 어떤 조직에서든 성공할 능력을 갖추고 있다. 깨어 있는 부모는 자녀의 이 부분을 볼 줄 알고 지도해 주는 것이다.

자, 지금까지 세상의 변화를 감지하는 '깨어 있는 부모'들의 특징을 살펴보았다. 여러분은 어떤 부모이길 원하는가? 깨인 부모가 자녀를 미래 인재로 만든다. 자녀를 향한 새로운 꿈을 꾸는 부모가 되자.

잘 꾼 꿈 하나,
열 학원 안 부럽다

　필자는 가끔 학생들에게 "너의 꿈은 짝퉁이니, 명품이니?"라고 묻는다. 이제 꿈을 통해 명문대에 진학하는 시대이기 때문이다. 잘 꾼 꿈 하나가 열 학원 안 부러운 세상이 되었다. 누가 이 입시전형에서 성공할까? 당연히 '명품 꿈'을 가진 이가 성공한다. 꿈은 막연한 희망사항이 아니다. 꿈은 실천의지와 행동을 동반한다. 실천하지 않는 것은 꿈이 아니다. 대학들은 학생의 꿈이 진짜인지 가짜인지를 판별해낸다. 대학들이 그저 점수만으로 쉽게 학생을 뽑으면 될 텐데 왜 이리도 판별하기 힘든 꿈에 연연할까? 그것은 '꿈의 능력' 때문이다.

　꿈을 이룬 사람들을 떠올려 보자. 그들의 특징은 뭘까? 열심과 열정, 책임감과 창의력, 기발함, 끈기 등이 아닐까. 이것이야말로 어떤 분야에서 전문인이 될 수 있는 소양이 아닌가! 그래서 우리는 자녀가 '명품 꿈'을 찾게 해 주어야 한다. 명품 꿈은 뜨거움과 움직임을 동반한다. 명품 꿈을 가진 아이는 뜨거움과 움직임을 통해 꿈을 이루어내는 냉철한 방법까지 모색한다. 부모는 자신의 자녀가 이렇게 되도록 도와야 한다.

'자녀는 부모를 보고 배운다'는 말이 있다. 꿈도 그렇다. 부모도 꿈을 꾸어야 한다. 자신의 자기이해력을 바탕으로 무엇을 원하는지 어떤 삶을 원하는지 목표를 찾고 그것을 실천하고, 그 과정에서 끊임없이 반성하고, 성장하는 모습을 자녀가 보게 해야 한다. 그런데 자녀들에게 엄마의 모습은 대부분 '잔소리 여왕', 온종일 나만 감시하는 '감시자'일 뿐이다. '우리 엄마는 자신의 목표를 이루기 위해 노력하는 엄마'라고 아이들이 생각할 수 있어야 한다. 자녀들이 '명품 꿈'을 꾸기 원한다면 엄마들도 '명품 꿈'을 찾자. 그 모습을 보며 자녀는 꿈을 이루는 법을 자연스레 체득해 나갈 것이다.

초등학교까지 자녀들은 자신의 꿈이 아닌 부모로부터의 영향을 받은 '짝퉁 꿈'을 가지고 있었다. 하지만 중학교 때부터는 자신의 진짜 꿈을 찾게 해 주어야 한다. 초등학교 때 자녀교육에 실패했다고 느끼는 부모일수록 중학교 때 자녀가 꿈을 통해 새로운 시작을 할 수 있게 도와야 한다. 필자들은 학교의 학습클리닉 수업을 진행하면서 심각한 수준으로 학습 의욕이 떨어져 있는 학생들과 문제 학생들을 자주 만난다. 그런데 놀랍게도 그 학생들이 꿈을 찾고 발견하면서 깊은 무기력과 반항에서 조금씩 나오는 것을 보았다.

사춘기라는 기회를 사용해서 자녀가 꿈을 찾고 그 꿈에 기초한 학습 능력을 회복하도록 엄마들도 다시 한 번 새롭게 시작해보자. 절대 늦지 않았다. 중학교는 새로운 시작이다. 새로운 꿈을 찾는 기회이다. 자녀가 자유학기제를 통해 충분히 자신을 발견하게 하고 원하는 꿈을 찾게 할수록 유리하다. 자유학기제를 성공적으로 보낼 수 있다면 학생부종합전형을 통한 대입 또한 성공적으로 이끌 수 있다.

자유학기제와 학생부종합전형은
한 트랙이다

A학생

고등학교 3년 동안 내신 1등급. 학교는 무조건 서울대에 들어가기로 정했고 아직 학과는 미정. 수능모의고사도 1등급. 내신과 수능 점수에 맞춰 합격 가능성 높은 학과에 가겠다는 생각을 부모와 학생 모두 가지고 있음. 공부로 바쁜 와중에 비교과활동도 열심히 참여. 교내수필대회 장려상, 과학캠프 참여. 헌혈 봉사활동 및 도서관 봉사활동. 동아리는 음악감상부. 학생회활동을 했고, 1학년 때는 반장이었음.

B학생

고등학교 3년 동안 내신 2등급. 중학교 때부터 CEO의 꿈을 가지고 있음. 고등학교에 입학하자마자 '경영&스타트업 동아리'를 만듦. 외국과 대한민국의 성공 기업과 CEO를 찾아 연구하고 장단점을 분석하는 시간을 갖고 자료를 찾는 '덕후질'이 제일 행복함. 이 자료들로 개인 블로그를 운영함.
신생 동아리라서 인지도가 낮고 학생들의 참여가 저조해 주변의 다른 학교를 찾아가 연합동아리까지 만듦. 취미는 유명한 CEO에게 멘토링 편지를 쓰는 것. 답장이 오지 않을 때가 많지만 최근에 유명 CEO 2명에게서 답 메일을 받음.
성공한 스타트업 회사의 창업자들이나 중견기업의 대표들을 초청해 3개월마다 한 번씩 강연을 들음. 처음에는 바쁜 분들이라 시간이 여의치 않았지만 B학생의 열정에 감동해 B학생의 동아리에 기꺼이 강의를 하러 와 주심. 나중에는 이 행사가 지역 학교 전체로 커져 그 지역 학생들이 강당에서 유명 CEO의 강연을 듣게 되었음. 유명인사와의 인맥으로 학교 불우학생을 위한 기부금 모금까지 성공.

당신이 만약 명문대 경영학과 교수라면 A와 B 중 어떤 학생을 가르치고 싶은가? A학생에게는 정말 미안하고 안타까운 일이지만 A학생을 인재라고 선호한 시대는 끝났다. 이제 세상이 바뀌어 대학과 기업은 B학생을 인재로 선호한다.

학생부종합전형(구, 입학사정관제)이 있기 전, 오직 A만이 명문대를 갈 수 있었던 이유는 단 하나! B에게 기회가 없었기 때문이다. B학생을 평가할 근거가 없었기에 B학생은 입시에서 자신을 돋보일 기회조차 없었다. 과거에는 수능과 내신점수가 높은 학생만이 입시에서 기회와 무기를 가지고 있었다. 하지만 이제 시대는 변했다. B학생에게도 명문대에 합격할 기회와 무기가 많아진 것이다. B학생의 창의적 열정이 넘친 학교생활은 전공적합성, 학업역량, 발전가능성, 인성이라는 기준에 근거하여 대학에 평가된다. 이 전형이 바로 '학생부종합전형'이다. 그런데 학생부종합전형은 중학교 자유학기제와 연결되어 있다. B학생은 중학생 시절에 이미 자신을 잘 성찰했고 진로를 탐색했기에 고등학교 때 열정을 발휘할 수 있었던 것이다.

국가는 이제 진로교육을 제도적으로 실시한다. 어린아이부터 성인까지 넓게는 '생애설계교육'을 곳곳에서 실시하고 있다. 이제 고용안정이 없기에 생애설계교육은 필수일 수밖에 없다. 그 흐름 속에 바로 2016년부터 전격 시행된 것이 '자유학기제'이다. 그리고 자유학기제와 조화되는 입시제도가 바로 '학생부종합전형'이다. 서울대를 비롯한 상위권 대학은 이미 학생부종합전형의 비율을 늘려 학생을 선발하고 있다.

이제 '내신'과 '수능'만으로 대학에 가는 시대는 저물었다. '꿈'과 '활동'과 '성장'이 입시의 또 다른 중요한 요소로 자리 잡았다는 것을 인정해야 한다. 꿈과 활동과 성장은 다름 아닌 '학생부종합전형'으로 대학에 들어가는 것을 의미한다. 학생부종합전형은 꿈을 향한 학생의 지속적인 성장과 열정을 학교생활기록부(이하 '학생부'), 자기소개서(이하 '자소서'), 면접으로 평가하는 것이다. 그래서 학생부종합전형은 얼마나 빨리 자신의 진로를 정했느냐가 관건이다. 그래야 그 진로에 맞는 활동을 고교 3년 동안 채워 나갈 수 있다. 그런 학생은 평면적인 고교 생활이 아닌 열정적인 스토리가 담겨 있기에 학생부종합전형에 유리하다.

대학 입시에서 수시의 비중이 늘어나는 만큼 학생부 관리도 꾸준히 해야 한다. 특수목적고(이하 '특목고'), 자율형사립고(이하 '자사고') 등의 고교 입시에서 시행되는 자기주도학습전형 역시 학생부가 중요하다. 문제는 이미 작성된 학생부는 고칠 수 없고, 시간을 되돌릴 수도 없다. 그렇기에 학생의 학습과정과 생활을 꾸준히 관리하면서 교과 성적을 올리는 한편, 학생부 비교과 영역도 체계적으로 채워 나갈 수 있도록 돕는 '과정중심'의 학습 지도가 대두될 것이다.

그래서 부모의 학교생활 지도능력이 입시 성공의 열쇠다. 이젠 사교육이 아니라 학교생활 지도에 주력해야 한다. 예전에는 자식 뒷바라지가 돈과 사교육이라고 했지만, 이제는 그 말이 통하지 않는다. 학교 선생님, 학원 선생님에게 자녀를 맡기는 게 아니라 부모가 코치하는 만큼 대학에 가는 시대가 되었다. 내 자녀가 시험과 입시에 짓눌려서 아름다운 십 대를 허비하는 것이 아니라 꿈과 끼를 찾아 좋은 대학에 합격할 수 있도록 도와야 한다. 우리 아이들은 긍정적인 지지와 함께 열정적인 활동을 잘 관리해 나갈 수 있게 도와줄 코치형 부모가 절실히 필요하다. 준비하는 과정에서 열정을 불태워 행복하다면 결과 또한 어떻든 즐거운 입시 준비가 될 것이다.

UNIVERSITY

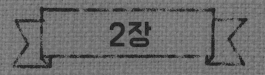

2장

- 중1 학교생활 코칭 -

자유학기제 성공비법은
따로 있다

학교의 변화를
감지하고 있는가?

개구리를 미지근한 물에 넣고 서서히 물의 온도를 높이면 개구리는 물의 온도에 적응하면서 뜨거운 물 속에서 서서히 마비된다. 이런 모습을 사회현상에 빗대어 '삶은 개구리 신드롬(boiled frog syndrome)'이라고 한다. 서서히 진행되는 환경 변화에 무감각해져 최악의 결말을 맞이하는 현상을 말한다. 학교는 조금씩 변화하고 있다. 그 변화가 서서히 진행되어서 아직도 많은 부모가 학교 안에서 자녀들이 어떤 변화의 상황에 있는지 잘 모른다. 자녀를 교육변화의 희생자가 되게 해서는 안된다. 교육변화에 민감하게 반응하기 위해서는 무엇보다 학교의 변화를 감지해야 한다. 좋은 학원을 알아보고, 능력 있는 과외 선생님을 알아보는 것보다 우선시되어야 하는 것은 우리 아이가 하루 평균 8시간 이상 살아가는 학교의 변화에 촉각을 세우고 있는 것이다.

그렇다면 학교에서는 어떤 변화가 일어나고 있을까? 그 핵심에 '진로교육'이라는 키워드가 있다. 〈2015년 교육부가 발표한 학교 진로교육 실태조사〉 결과에 따르면 희망진로목표, 즉 자신에게 꿈이 있다고 답한 학생들의 비율이 초등학생 91.3%, 중학생 73.0%, 고등학생 81.7%로 나타났다고 한다. 이것은 전년 대비 초등학생 4.2%p, 중학생 4.6%p, 고등학생 11.2%p 상승한 수치이며, 2013년 대비 초등학생 9.9%p, 중학생 10.2%p, 고등학생 14.8%p 상승한 수치다. 이 결과를 두고 교육부는 학교 진로교육이 학생들에게 긍정적 효과를 주고 있다고 평가한다. 이 평가가 주요한 의미가 있는 것은, 긍정적 효과라는 평가에 힘입어 향후 학교에서의 진로교육의 중요성은 더욱 강화되리라는 것이다.

[코칭 포인트] 자녀교육의 오류를 막아야한다

학교의 변화를 짐작할 수 있는 '교육부의 교육개혁안'을 알고 있어야 한다. 교육은 장기간의 과정이다. 학부모는 시대의 큰 조류를 간파해야 한다. 2015년에 발표한 향후 우리나라 교육개혁안의 방향 중 주요한 내용을 살펴보자.

○ 학생의 꿈과 끼를 키우는 교육과정을 개발한다.
− 학생의 진로와 적성을 고려한 다양한 선택과목 개설이 가능하도록 하고, 단위학교 교육과정 편성·운영의 자율성을 확대한다.
− 중학교 한 학기를 '자유학기'로 운영할 수 있는 근거를 마련한다.

○ 미래사회가 요구하는 역량 함양이 가능한 교과 교육과정을 개발한다.
− 핵심원리 중심으로 학습 내용을 감축하고 교수·학습 및 평가방법을 개선하여 학생의 학습 부담을 줄이고 배움의 즐거움을 느낄 수 있도록 한다.

○ 중학교는 한 학기를 '자유학기'로 운영할 수 있는 근거를 마련하고, '자유학기제'의 취지가 중학교 모든 과정에 반영될 수 있도록 학습 내용을 적정화하고 체험 중심의 활동을 강화한다.

○ 고등학교는 문·이과 구분 없이 모든 학생이 고교 단계에서 배워야 할 필수적인 내용으로 '공통과목'을 구성하여 기초소양을 함양할 수 있도록 하되 내용과 수준을 적정화하여 학생들이 흥미를 느낄 수 있도록 한다.
– 동시에 학생이 적성과 진로에 따라 맞춤형으로 교육받을 수 있도록 '선택과목'(일반선택, 진로선택)을 개설한다.
  * 공통과목은 국어·영어·수학·사회·과학, 한국사로 하되, 사회/과학은 '통합사회' 및 '통합과학' 개발
  * 진로선택과목은 학생들의 진로 등에 따른 심화학습, 통합·융합학습 또는 진로탐색 및 체험 등을 위한 과목으로 편성

교육개혁안의 핵심은 뭘까? 이제 학교 교육은 자녀의 꿈과 끼를 기반으로 미래사회가 요구하는 통합·융합의 능력을 갖춘 인재 양성을 목표로 변화하고 있다. 이런 대조류를 이해하고 있어야 자녀교육에 큰 오류를 막을 수 있다.

자유학기제라는
거대한 파도가 밀려왔다

　이제 시대가 바뀌어 학교는 학생들이 공부만을 잘하길 원하지 않는다. 공부만을 가르치는 것이 아니라 '꿈꾸는 능력'을 가르친다고 한다. 이 파도에 조난될 것인가, 아니면 파도를 이겨낼 것인가?

　2015년 교육개혁안을 통해 알 수 있듯이 학교 교육의 주요 내용이 적성과 진로교육이라는 것을 선명하게 확인할 수 있다. 이런 교육개혁 방안을 올바른 방향으로의 변화라고 생각하는가? 방향은 올바르다고 생각하지만 학교를 믿지 못하는 부모들도 꽤 많다.

　이런 상황에서 2015년까지 시범 운영 과정을 거쳐 2016년 전국의 모든 중학교에서 자유학기제가 시행되었다. 도대체 '자유학기제'는 무엇일까? 그 개념을 확실히 짚고 넘어가야 한다. 자유학기제는 중학교 과정 중 한 학기 동안 학생들이 시험 부담에서 벗어나 꿈과 끼를 찾을 수 있도록 토론·실습 등 학생 참여형으로 수업을 운영하고, 진로탐색 활동 등 다양한 체험 활동이 가능하도록 교육과정을 자율적으로 운영하는 제도이다. 서울형 자유학기제는 다른 지역과 달리 한 학기가 아닌

1년간 실시하고 있다.

그동안 우리나라 교육은 주입식 교육의 고통에 시달려 왔다. 학생들은 지식을 암기하는 교육을 받아야 했고, 그것으로 대학을 가고, 취직을 했다. 그러나 시대가 달라졌다. 직업세계는 빠르게 변화하고 있고, '고용 없는 성장'이 노동시장의 대세로 자리 잡고 있다. 죽어라 공부해서 놀고 있는 청년들이 늘고 있다. 이런 시대적 변화 속에서 교육의 변화는 당연한 결과이다. 자유학기제는 학생들이 주입식 교육의 병폐에서 벗어나 좀 더 자신을 알아가고, 꿈을 찾게 하고, 즐겁게 학습하고, 진로를 탐색하는 기회를 주는 수업과정이다.

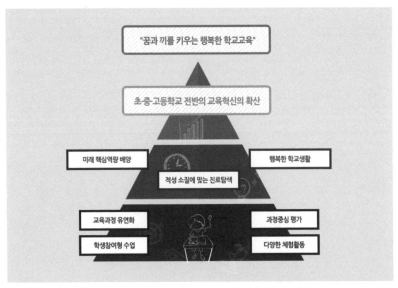

출처 https://freesem.moe.go.kr

자유학기제는 지금까지의 수업방식에서의 변화를 추구한다. 가장 핵심적인 변화는 '학생의 참여형 수업 확대'이다. 자유학기제 동안 학생들은 수동적인 학습자가 아닌 수업을 이끌어 가는 주인공이다. 자유학기제가 시행되면 오전에 국어, 영어, 수학, 사회, 과학 등의 수업이 진행되는데, 강의식 수업이 아닌 문제해결 중심의 토론식 수업으로 진행된다. 또한 실험과 실습, 현장체험, 프로젝트 학습 등이 진행된다. 오후 수업은 자율과정으로 학생의 흥미와 관심사를 반영한 프로그램으로 편성된다. 그러나 학교에서 얼마나 다양한 프로그램을 운영할 수 있을지는 학교에 따라 다를 것으로 보인다. 자율활동은 크게 진로탐색 중점, 학생선택 프로그램 중점, 동아리활동 중점, 예술·체육 중점이 포함된다.

자, 이런 교육과정을 통해 우리 자녀는 무엇을 배워야 할까? 자유학기제의 교육목표는 '진로개발역량의 기초를 발전시켜 다양한 직업세계와 교육기회를 탐색하고, 중학교 이후의 진로를 디자인하고 준비하는 것'이다(교육부). 자유학기제를 통해 우리 아이들은 진로개발역량을 발전시켜 나가야 한다. 교육부는 자유학기제 전면 실시를 시행하면서 자유학기제를 이용한 선행학습 유도, 자유학기제 특별반 같은 부모의 불안을 이용한 사교육을 강력하게 규제하겠다고 발표했다. 일부 지역에서는 자유학기제를 이용한 '해외어학연수' 붐이 일고 있다고 한다. 자유학기제가 우리 아이들에게 행복한 공부를 할 수 있는 시간이 되기 위해선 무엇보다 부모들의 도움이 필요해 보인다. 부모들의 자유학기제를 바라보는 시각이 달라져야 한다. 부모들이 자유학기제의 안착을 위해 협력해 주어야 한다.

우리나라 교육의 문제성이 커지면서 관심을 받게 된 나라가 있다. 공교육 개혁을 이루어낸 나라, '핀란드'다. 핀란드 교육혁명은 우리에게 시사하는 바가 크다. 핀란드 교육혁명의 특징을 살펴보자.

- 학생 개개인의 성장을 중시한다.
- 남을 이기는 경쟁보다는 함께 학습하는 법을 익히는 교육을 한다.
- 교사와 학교의 전문성과 자율성이 존중되는 교육을 한다.
- 모두가 수준 높은 수준으로 제대로 된 기회를 누리는 교육을 한다.
- 뒤처지는 아이들이 탈락하도록 내버려 두지 않고 보듬어 안고 함께 가려는 교육을 한다.
- 학습의 원칙 중의 하나가 협력이다.
- 친구는 경쟁의 상대가 아니라 협력하는 존재이고 내가 넘어야 할 것은 친구가 아니라 나 자신이라고 가르친다.
- 수업의 양은 우리나라의 절반도 안 되는데 학력 수준은 세계 1위이다.

《핀란드 교육혁명》 중에서

이러한 핀란드 교육혁명이 가능할 수 있었던 것은 무엇일까? 필자는 그 이유 중 하나가 가정과 사회가 새로운 교육개혁에 동의하고 동참하는 가치관을 따르기 때문이라고 생각한다. 성공적인 교육개혁을 통해 핀란드 학생들은 학교에 입학하는 순간부터 대학에 입학하고 취직

하여 사회에 진출하는 순간까지 개인맞춤형 진로교육을 받는다. 그러나 우리 아이들의 현실을 보라! 많은 학생이 학습에서 행복을 느끼지 못하고 있다. 치열한 경쟁에서 상처투성이가 되었다. 우리 아이들이 진정으로 자신이 원하는 바를 찾고, 그것을 위해 열심히 공부하는 행복한 학습을 할 수 있도록 도와주어야 하지 않을까? 자유학기제 기간만이라도 아이들을 경쟁과 입시에서 자유롭게 해주자. 대한민국이라는 현실 속에서 우리 아이들이 건강하게 살아남게 하기 위해서는 부모들의 노력이 필요하다.

[코칭 포인트] 시험대신새로운평가시스템이왔다

이제 숫자로 성적을 보는 시대가 지나가고 '글'로 성적을 표현하는 시대가 왔다. 자유학기제는 지필고사가 없다. 대신 학생들은 선생님들로부터 서술형의 평가 기록을 받게 된다. 내신성적이 없다고 해서 학생들이 평가를 받지 않는 게 아니란 걸 명심하자. 자유학기제 기간에 과목별 성취 수준과 활동별 특기상황이 학생부에 서술형으로 기록된다. 중요한 것은 누구와 비교당하는 수치화된 성적이 아닌 학생 개인의 성장이 담긴 평가시스템의 시작이란 점이다. 서울을 제외한 다른 지역에서는 한 학기 동안 자유학기제가 시행된다. 서울형 자유학기제의 경우, 1학년 동안 〈1학기 탐색학기〉와 〈2학기 집중학기〉로 운영된다. 1학기에는 지필고사 없이 과정중심 서술형 평가로, 2학기는 기말고사만 치르게 된다. 2학기 내신성적은 기말고사 성적과 학기 중 시행된 수행평가 결과가 합산되어 산출된다.

이제 우리 자녀들은 결과중심적 지필고사를 통한 정량 평가가 아닌 과정중심형 평가에 강자가 되어야 한다. 이런 과정중심형 정성평가에 잘 적응한 학생들이 '학생부종합'이라는 정성평가를 통해 '명문대'를 가는 시대가 되었다. 학교 활동에 적극적으로 참여하면서 성장을 이루어내는 학생이 우수한 학생으로 평가받는다는 것을 명심하라.

자유학기제 기록 예시 2015 생활기록부 기재 요령-교육부

A. 자유학기 · 탐구: (융합과학) 수학체험관 경험 시 전시물에 흥미를 갖고 적극적으로 활동함. 트러스 구조의 튼튼함을 알고, 트러스 아치교를 견고하게 제작함. 현의 길이와 음계 사이의 비에 따라 팬플루트를 정확하게 설계 제작하고, 훌륭하게 연주함, 지오데식 돔(Geodesic Dome)의 뜻의 알고, 안내에 따라 지오데식 돔을 완성하려고 노력함.

B. 자유학기 · 인문사회: (논리수업) 인문사회적 배경 지식이 많고 지적 호기심이 많아 매 차시 학습에 적극적으로 참여하여 우수한 학습 성과를 보임. 우리말 학습에 관용어 표현, 속담의 다양한 표현 방법을 탐구하는 데 주도적 역할을 하며 각 용어의 유래 및 배경에 대해 즐겁게 학습함. 논리의 기본 원리와 도입 지식을 학습하고 사실판단과 가치판단에 대한 정의와 적용하는 논리학습에서 창의적이고 참신한 아이디어를 자주 제공하며 주변 동료들과의 토의를 한 단계 높이고 확산하는 데 기여함.

나의 자녀는 이런 기록을 받을 수 있을까? 이게 바로 자유학기제 평가이다. 점수화된 성적을 위해 아이들을 지나친 선행학습과 사교육으로 내몰면 학교 수업에 비적극적일 수 있다. 학교에서의 평가가 그 어느 때보다 중요하다는 걸 부모들이 인식해야 자유학기제가 성공할 수 있다.

자유학기제 성공비법 1
자신을 알게 하라

    진로 디자인을 위한 준비 기간인 자유학기제! 이 시기를 성공적으로 보내기 위해서 부모들은 자녀의 '진로역량'이라는 씨앗을 키워 줘야 한다. '진로역량'이란 국가에서 제시하는 학교 진로교육 목표와 성취 기준을 토대로 개발된 학생의 자아이해, 사회성, 직업이해, 진로탐색, 진로설계, 진로준비 등의 역량을 말한다. 필자는 진로역량의 씨앗은 '나를 이해하는 능력'에서 시작된다고 말하고 싶다. 안전하고 튼튼한 건물을 짓기 위해서는 기초공사가 가장 중요하다. 이 기초공사 중에 가장 첫 단계가 자기이해다. 자기이해가 약한 사람은 꿈을 찾기 힘들다. 자기이해는 자신의 내면을 이해하는 능력과 더불어 자신을 둘러싼 환경 속에서 자신을 이해하는 것을 포함한다.

    진로는 꿈을 찾는 과정이다. 즉 자신이 원하는 삶을 찾는 과정이다. 그러기에 무엇보다 건강한 자기이해를 필요로 한다. 다양한 검사들을 통해 자녀가 자신을 객관적으로 이해할 수 있도록 하자. 여기서 중요한 것이 한 가지 있다. 긍정적 자아개념이 없는 상태에서 자기이해는 자기비하나 열등감으로 올 수 있다. 그러므로 자기이해 전에 선행되어야 할 것은 자녀에게 긍정적인 자아개념을 심어 주는 것이다. 긍정적 자아개념은 부모의 양육에 많은 영향을 받는다. 어릴 때부터 부모에게서 사랑받고 지지받고 칭찬을 받아온 자녀라면 자신을 향한 자아개념이 건강할 것이다. 그렇지 못할 경우에는 자녀가 부정적 자아개념을 가지고 자신을 바라보고 있을 수 있다. 지금이라도 사랑을 표현하고 지지해주고 칭찬해줌으로써 자녀의 긍정의 힘이 살아나도록 도와야 한다. 긍정적 자아개념이 서 있어야 건강한 자기이해를 할 수 있다.

[코칭 포인트] 자기이해를 돕는 검사지 활용법

부모교육을 다니면서 생각보다 부모님이 자녀에 대해 모르고 있다는 사실에 놀랄 때가 많다. 자녀의 성적에는 민감한 엄마들이 내 아이가 어떤 아이인지, 어떤 특성을 지닌 아이인지 객관적으로 보려고 노력하지 않는 것이다. 학교에서는 분명 다양한 검사를 실시하는데 그 결과를 알고 있는 부모들이 많지 않다. 그러니 아이들도 그렇다. 검사만 할뿐 그 결과를 이해하고 있는 학생들이 드물다. 좀 더 관심을 두고 자녀들이 자신을 객관적으로 인식해 나가는 데 도움을 줄 수 있으면 좋겠다. 학교에서 검사 결과지를 보내올 때 주의 깊게 읽고 자녀를 이해하자. 만일 학교에서의 검사 결과를 모른다면 무료로 이용할 수 있는 검사지들을 활용해 보자.

〈워크넷 무료 검사 이용법〉

1. 직업가치관검사
직업 선택 시 중요하게 생각하는 직업가치관을 측정하여 자신의 직업가치를 확인하고 그에 적합한 직업 분야를 안내해 주는 검사이다.

직업가치관은 성취/봉사/개별활동/직업안정/변화지향/몸과 마음의 여유/영향력발휘/지식추구/애국/자율성/금전적보상/인성/실내활동 등의 범위가 있다. 이 검사를 통해 자녀의 직업에 대한 가치관을 알 수 있다.

2. 직업흥미검사
청소년들이 자신의 직업적 흥미를 탐색하고 이를 토대로 효율적인 진로·직업설계를 할 수 있게 직업흥미에 적합한 직업과 학과에 대한 정보를 제공해 준다. 직업흥미는 현실형/탐구형/예술형/진취형/관습형으로 나뉜다.

3. 청소년적성검사
학업 적성을 파악하여 적합한 진로와 직업을 설계할 수 있도록 돕는다. 적성 요인에는 언어능력/수리능력/공간능력/지각능력/과학능력/색채능력/사고유연성/협응능력/학업동기를 파악할 수 있다.

자유학기제 성공비법 2

배를 만들게 하고 싶다면
바다에 대한 동경심을 키워라

생텍쥐페리의 《어린 왕자》에 이런 구절이 나온다.

'배를 만들게 하고 싶다면 배 만드는 법을 가르치기 전에 바다에 대한 동경심을 키워 줘라. 그러면 스스로 배를 만드는 법을 찾아낼 것이다.'

필자는 자유학기제는 학생들에게 '바다에 대한 동경심을 키워 주는 시간'이라고 생각한다. 그래서 인생에서 가장 귀한 시간이 될 수도 있다. 진로와 학습에 대한 동기를 부여해주고, 자신의 꿈을 찾게 하는 중요한 시기이기 때문이다. 이 시기에 부모는 자녀의 꿈과 비전을 자극해 주어야 한다. 자유학기제 기간에 아이들은 이 꿈을 찾기 위해 다양한 활동을 하게 된다. 진로교육의 중요성은 이것이 자녀의 평생에 영향을 미친다는 것이다. 중학교 자유학기제는 중학교에서 끝나는 것이 아니라 우리 아이가 어느 고등학교에 가고, 어느 대학에 가고, 어느 직업을 갖게 될지에 영향을 준다. 이 시기에 가슴뛰는 꿈을 갖게 되는 아이는, 그 꿈을 이루기 위한 방법들을 찾아 나갈 것이다. 바다에 대한 동경심으로 배를 만드는 방법을 찾아내는 것처럼 말이다.

자유학기제 기간에 학교에서는 다양한 직업세계를 체험하는 수업을 진행한다. 이 시기를 기회로 여기자. 아이들이 직업 탐색하는 시간을 공부는 안 하고 놀러 다니는 시간으로 여기지 말라.

[코칭 포인트] 직업세계 탐색에 대한 동기부여

필자가 사용하는 직업세계 탐색을 위한 동기부여 프로그램은 다양하다. 그중 '직업인 사전 만들기'가 있다. 자녀가 지속적으로 직업탐색에 대한 동기부여를 받기에 효과적인 <u>프로그램</u>이다.

■ 직업인 사전 만들기

자녀에게 다양한 직업을 탐색하게 할 때 인물 중심의 탐색을 하게 하라. 그 직업을 통해 꿈을 이룬 인물들을 탐색하게 하라. 그리고 일주일 혹은 일정 기간 단위로 '직업인 사전'을 만들어 보게 하자. 이 사전을 만들며 자녀들은 꿈의 중요성, 꿈을 이루기 위한 노력, 직업에 대한 이해를 동시에 할 수 있다. 자유학기제 기간에 시험이 없다는 이유로 자녀를 학원으로 내몰기보다는 행복한 마음으로 꿈을 찾기 위한 여유로운 탐색의 시간을 제공하라.

직업 분류	외교관
이름	
꿈을 갖게 된 계기	
꿈을 이루기 위한 노력 과정	
외교관이라는 직업의 특징	
외교관이라는 직업에 필요한 능력	

자유학기제 수업구조를 파악하라

"학교에서 시험이 없으니 아이가 공부를 더 안 해요."

"자유학기제 평가가 객관적이지 못한 것 같아요."

"자유학기제에서 수강하는 과목의 질이 너무 떨어져요."

이런 부모의 불안은 자유학기제에 대한 정보의 불확실성에서 오는 경우가 많다. 자유학기제는 놀고먹는 시간이 아님을 분명히 알아야 한다. 교육부의 자유학기제 자료를 참고하면 많은 도움을 받을 수 있다. 지금부터 교육부의 자료를 바탕으로 자유학기제 수업 구조를 살펴보자.

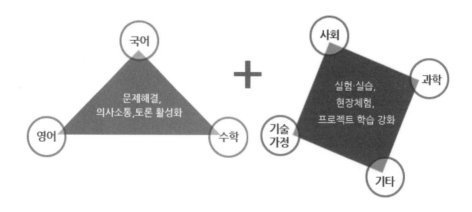

자유학기제 기간에 자녀들은 수업을 통해 국어, 영어, 수학, 사회, 과학, 기술가정, 기타 과목을 학습하게 된다. 문제해결중심, 토론중심의 수업을 통해 자기주도적 학습역량을 키워 나가게 된다. 프로젝트 학습 역량도 강화되고 실습과 실험 위주의 수업을 받게 된다. 부모들이 교육받던 시절의 수업보다 한층 발전된 수업을 자녀들이 받게 된다는 것을 알아야 한다.

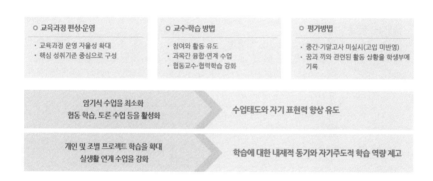

자유학기제 수업은 교과 운영의 자율성을 바탕으로 과목 간 융합, 협동수업, 협력학습의 강화를 통해 우리 자녀들이 미래형 인재로 성장할 수 있는 수업방식을 도입하고 있다. 이 수업을 통해 우리 아이들은 꿈과 끼를 바탕으로 얼마나 적극적으로 수업에 임하는지를 평가받는다. 예전에 학교 다닐 때를 떠올려 보면 시험이 얼마나 싫었는가? 재미없는 주입식 수업에 얼마나 졸음이 왔는가? 이제 우리 자녀들은 그런 공부가 아닌 시험의 스트레스가 없는 상황 속에서 적극적 활동과 협력학습을 통해 평가받는다. 부럽지 않은가?

〈진로탐색활동〉 개인별 특성과 역량에 맞는 진로설계 지원을 위한 진로상담·검사와 함께 직접적인 진로체험을 활성화하여 학생들의 활동을 체계적으로 기록 관리.	〈주제선택활동〉 · 학생들의 수요를 조사하고 그 결과를 바탕으로 5~17주까지 실행할 수 있는 프로그램을 개발 및 보급. · 주기적인 수요조사를 통해 교육 프로그램을 지속적으로 개발하여 장·단기 프로그램을 운영.
〈예술·체육활동〉 문화, 예술, 체육 전문강사를 활용하여 예체능 교육을 내실 있게 운영하며 국어, 영어, 수학, 사회, 과학 교과 간 융합프로그램 운영.	〈동아리활동〉 학생들의 수요를 조사하고 그 결과를 바탕으로 동아리활동 반을 개설하여 학생이 주도적으로 참여할 수 있도록 운영.

이제 우리 자녀들은 다양한 활동을 학교에서 무료로 받을 수 있다. 부모가 데리고 다니면서 체험하게 해 줘야 할 공부들을 학교에서 전면적으로 실시하는 것이다. 그런데 필자가 학교에서 만나 본 많은 학부모들은 자유학기제를 염려하고 있었다. 그 시선에는 분명 공감되는 측면이 있다. 교육제도라는 것이 취지는 좋지만 어떻게 운용하느냐에 따라 그 효과는 차이가 있기 때문이다. 더구나 자유학기제는 학교와 교사에 따라 운영방식의 자율성이 부여되기 때문에 학교에 따라 혹은 교사에 따라 운영방식이 조금씩 다를 수 있다. 우리나라 부모들이 학교 교

육에 대한 신뢰가 높지 않은 상황에서 그들의 염려를 무시해서는 안 되기에, 학교와 교사도 최선을 다해서 자유학기제가 안착될 수 있도록 노력해야 할 것이다. 만일 이 제도가 자녀들에게 효과적임을 부모들이 느낀다면 열정적인 우리나라 부모들의 특징상 그 누구보다 자유학기제를 적극 지지하는 조력자들이 되어 줄 것이다.

[코칭 포인트] 협력학습을 통한 학습과 인성, 두 마리 토끼 잡기

자유학기제 오전 수업은 교과목 수업이더라도 학생들이 참여하는 수업을 지향하고 있다. 즉 교사의 일방적인 가르침을 듣는 시간이 아니라 학생들이 적극적으로 수업에 참여하는 방식으로 수업이 진행된다. 이런 수업에서 자주 사용되는 방법이 '토론식 수업'이다. 토론은 사전 준비가 필요하기 때문에 학생들은 자연스럽게 예습 과정을 익히게 된다. 아이들에게 토론이 효과적인 학습법이라며 토론식 수업을 진행하는 고가의 학원을 찾아다니던 부모들이 학교에서 자유학기제 수업에 토론 위주의 수업을 하는 것에 대해서는 다음과 같은 불만을 쏟아내기도 한다.

"아이들의 수준이 다른데 진행이 잘 될까요?"

"우리 아이만 열심히 준비해 가서 발표하면 그 점수를 모둠 아이들과 나누어 갖던데요."

안타까울 뿐이다. 토론식 수업에 잘 적응한 학생들은 향후 동아리활동이나 진로활동에서도 주도력을 발휘하며 성과를 낼 수 있는 자질을 배워 나가게 된다. 또한 토론식 수업을 준비하기 위해 학생들은 모둠별로 움직일 때가 많다. 즉, 협력학습이 많이 증대될 것이다. 이런 협력학습을 하면서 아이들은 '대인관계

력'을 향상시킬 수 있다.

참으로 중요하고 가치 있는 공부이지 않은가? 바로 학습을 통해 인성을 개발해 나갈 수 있기 때문이다. 요즘은 자녀 수가 한 명인 경우가 많아서 대인관계력을 가정에서 배우지 못하는 학생들이 많다. 또한 경쟁적인 공부 태도를 지닌 학생들도 많다. 이런 학생들이 '내가 최고'가 되기 위해 공부하기보다 '함께 최고'가 되기 위해 이야기 나누고 계획을 짜고 만나서 활동하면서 아이들은 사회 생활에서 가장 중요하다는 '협업능력'을 배워 나간다. 그런데 많은 부모는 이런 말을 한다.

"자유학기제인가 뭔가 때문에 아이들이 이집 저집 몰려다니기나 하고, 모둠 별로 뭘 준비하는지 학원까지 빼먹고, 학교 시간에 다 하게 해야지, 이게 뭐예요?"

자유학기제 기간에 자녀가 친구들과 함께 공부하고 함께 토론하는 협력학습에 잘 적응할 수 있도록 돕는 것이 중요하다. 협력학습은 학습에도 도움이 될 뿐 아니라 자녀의 사회생활 능력에 큰 도움을 줄 것이다.

자유학기제 성공비법 4

학교 프로그램을 200% 활용하는
생활방식을 가져라

    2015년 교육부 발표에 학교 진로교육 활동에 참여한 학생과 참여하지 않은 학생을 비교했더니 진로교육에 참여한 학생이 진로개발역량 수준이 높게 나왔다고 한다.

학교 진로교육 활동	진로개발역량 수준(4점 만점 기준)	
	미참여	참여
〈진로와 직업〉 수업	3.65	3.88
진로심리검사	3.69	3.89
진로상담	3.73	3.92
진로체험	3.69	3.90
진로동아리	3.79	3.97

    학교 진로교육 활동에 참여한 학생들의 진로개발역량 수준이 높다는 것은 학교활동에 적극적으로 참여할수록 진로탐색과 설정에 학생들이 많은 도움을 받고 있다는 것이다. 학교에서 학생들의 진로활동역량을 위해 실시하는 수업과 프로그램에 적극적으로 참여하는 생활방식을 가져야 한다. 더는 학원이 중심이 되고 학교수업이 부수적이 되어서는 안

된다. '진로개발역량'은 향후 고입이나 대입에서 평가받는 항목이기 때문에 진로활동을 등한시하지 말자.

> **[코칭 포인트]** 자녀의 진로활동역량 키우기
>
> 훌륭한 피드백이 자녀의 활동을 키운다. 그냥 공부나 잘하라며 학교활동에 부정적인 피드백을 자꾸 주게 되면 자녀들은 학교의 진로교육 활동에 적극성을 띠지 않게 된다. 자신의 꿈을 찾고 진로를 찾아가는 활동에 대해 긍정적 피드백을 해 주자! 학교에서 돌아왔을 때 학교에서 한 활동 중심의 대화를 나누는 것이 중요하다.
> "오늘은 학교에서 어떤 활동을 했니?"
> "그런 활동을 했구나."
> "그 활동을 통해 무엇을 느꼈는데?"
> "배운 점은 뭐야?"
> "어려웠던 점은 없었니?"
> 이런 대화를 나누다 보면 자연스레 자녀들은 활동에 대한 자극을 받는다. 그리고 이런 대화 속에서 적절한 칭찬기법을 사용하여 자녀가 활동을 통해 성취감을 느끼게 해 주어야 한다.
> 너무나 쉬운 지도법 아닌가? 그러나 이마저 하고 있지 않은 부모들이 대한민국에 정말 많은 것이 현실이다. 여전히 많은 부모가 자녀의 시험 등수에만 관심을 쏟는다. 이제 자녀의 학교에 관한 관심 포인트를 '활동 중심'으로 옮겨 가야 한다.

자유학기제 성공비법 5
선택과 집중 능력을 키워라

　자유학기제 자율과정은 학생의 흥미와 관심사를 반영한 프로그램으로 편성된다. 자율활동은 크게 진로탐색 중점, 학생선택프로그램 중점, 동아리활동 중점, 예술·체육 중점이 포함된다. 이 활동들에서 예전과 크게 달라진 것이 학생선택프로그램이다. 학생들은 본인의 흥미도에 따라 과목을 선택해서 들어야 한다. 동아리활동도 학생의 관심에 따라 선택할 수 있는 권한이 강화되었다. 동아리활동은 비슷한 흥미를 가진 집단에서 학생들이 관심 분야에 대한 창의적 활동을 하는 매우 중요한 활동이다. 예체능활동은 학생들이 학교를 좀 더 행복한 공간으로 느끼게 하는 활동으로 심신의 건강도 키워 나갈 수 있다.

　이런 자율과정을 통해 자녀들은 중학교 때부터 선택과 집중의 능력을 향상시킬 수 있다. '선택'이란 무엇인가? 사전적 의미로는 '여럿 가운데서 필요한 것을 골라 뽑음'이다. 중학교 때 자녀가 학교생활을 하면서 이 선택의 능력을 키우게 해야 한다. 다양한 학교활동 중 나에게 필요한 것을 골라낼 수 있어야 한다. 이 능력은 고등학교에 올라가면 더욱 중요해진다. 중학교 때 이 훈련이 된 학생들은 고등학교 1학년부터 적극적인 선택의 능력을 발휘할 수 있다. 학습에서도 마찬가지다. 국어 과목 중에서 '연극'에 관심이 있는 학생이라면 자율과정에서 '연극'과 관련된 학과가 개설됐을 때 적극적으로 그 과목을 선택할 수 있는 능력을 배워야 한다. 그런데 문제는 중학교 자녀에게 이 선택권을 주지 않는 부모들이 있다는 것이다. 자녀의 선택을 지지하지도 믿어 주지도 않는다. '어떤 동아리에 들어가라' '어떤 과목을 수강해라' 등등 일방적으로 자녀에게 지시한다. 자유학기제가 아닌가? 엄마들은 자녀들이 자유로운 선택을 할 수 있도록 놓아 주어도 된다.

그다음 자율과정에서 중요한 것이 선택 후 집중 능력이다. '집중'이란 '한 가지 일에 모든 힘을 쏟는 것'을 말한다. 자율과정에서 자녀가 본인이 선택한 과목이나 활동에 에너지를 쏟을 수 있는 집중의 능력을 키우게 해야 한다. 오케스트라 활동을 선택해 놓고는 그 활동에 참여하지 않거나, 허수아비 멤버처럼 간신히 출석만 하거나, 수동적으로 다른 아이들이 시키는 활동만 하는 꼭두각시 습관은 피해야 한다. 이런 습관은 자녀의 학교생활 능력을 크게 저하시킨다. 부모들은 자녀가 본인이 선택한 것에 집중해서 에너지를 쏟을 수 있도록 지원해 주고 지지해 주고 격려해 주어야 한다.

[코칭 포인트] 자율활동 계획서와 보고서 작성하기

■ 자율활동 계획서를 써 보자

자유학기제가 시작되기 전에 미리 자녀에게 자율활동 계획서를 짜 보게 하자. 교과선택 과목과 동아리, 체육활동 등을 살펴보고, 어떤 수업과 어떤 활동에 참여하고 싶은지 미리 선택하고 계획해 보는 시간을 가질 수 있도록 지도하자.

■ 자율활동 보고서 쓰기를 습관화하자

활동에 대한 기록을 남기는 습관은 고등학교 생활에서도 매우 중요한 습관이다. 많은 활동을 하다 보면 이것저것 한 것 같긴 한데 무엇을 배웠는지 기억하지 못할 때가 많다. 활동보고서 작성 습관은 중등 자유학기제에서 반드시 들여야 할 주요 습관임을 명심하자.

중2 생활코칭 '창체활동 보고서 일기' 참조

자유학기제 성공비법 6
다중지능이 자녀를 춤추게 한다

하워드 가드너 교수는 인간의 소질과 능력에는 8가지 지능이 있다고 말한다. 8가지 지능을 살펴보면 첫 번째 '언어지능', 두 번째 '논리수학지능', 세 번째 '음악지능', 네 번째 '공간지능', 다섯 번째 '신체운동지능', 여섯 번째 '대인관계지능', 일곱 번째 '자기이해지능', 여덟 번째 '자연친화지능'이다. 가드너의 다중지능은 진로교육에 있어 매우 중요한 개념이다. 그러므로 자유학기제 기간에도 매우 중요한 의미를 두고 살펴볼 필요가 있다. 이제 자의든 타의든 중학교 1학년이 되는 대한민국의 모든 학생은 자신의 진로를 고민해야 한다. 그런데 막막하다. 도대체 무엇을 해야 행복하게 일할 수 있단 말인가? 이 물음에 대해 다중지능은 이렇게 대답한다. '강점 지능에 적합한 직업을 탐색하라.'

가드너에 따르면 8가지 지능은 개인 안에서 각기 다른 프로파일을 보이는데 바로 이것이 개인의 적성과 특성을 보여 준다. 그러므로 부모들은 자녀의 다중지능 프로파일을 파악하고 이에 적절한 코칭을 해야 한다. 이미 학교에서는 다중지능검사를 하고 있지만 대다수 부모들이 결과를 유심히 살피지 않으며 검사지 자체를 이해하지 못하는 경우가 많다. 다중지능을 알고 자녀의 강점 지능을 통해 학습흥미와 만족도를 높이고, 약점 지능을 파악해 보완해 준다면 자녀는 학교에서 자신의 흥미를 학업과 연결해내는 매력적인 학교생활을 할 수 있을 것이다.

필자는 전국의 학교를 돌아다니며 중·고등학생을 대상으로 다중지능검사와 수업을 한다. 학생들에게 검사를 통해 흥미로운 직업군을 찾게 하고, 꿈에 자극을 줄 때 학생들이 자신의 진로에 대해 진지하게 탐색하기 시작하는 것을 많이 봐 왔다. 심지어 1~2시간가량의 짧은 만남에도 자신의 꿈을 발견하는 친구들이 생겨난다. 다중지능을 발견해 주고, 지지해 주는 조력자의 역할을 누군가 해 준다면 아이들은 자기가 가장 잘할 수 있는 능력을 키워 가면서 행복하게 진로를 꿈꿀 수 있을 것이다. 다중지능을 개발한 가드너 교수는 이렇게 말했다.

"개인이 자신의 직업이나 학문 영역을 만나고 자신의 강점을 인정해 주는 지지자(부모)를 만났을 때 그 능력을 최고로 발휘하게 되고 이러한 능력을 더욱 개발할 수 있게 된다."

이제 자녀의 다중지능을 지지해 주자. 그렇게 할 때 우리 아이들은 자유학기제 기간에 자신의 강점에 기초한 진로를 탐색하는 능력을 배우게 될 것이다.

[코칭 포인트] 다중지능 활용 전략

중학교 때 반드시 다중지능검사를 해 봐야 한다. 여기서 중요한 것은 다중지능은 다른 사람과의 상대적 지능비교가 아니란 점이다. 다중지능은 철저히 개인 안에서 8가지 지능의 조합을 보는 것이다. 그런데 많은 부모가 자녀의 다중지능까지도 다른 아이들과 비교한다. 그래서는 다중지능의 의미가 없다. 자녀의 다중지능 조합을 알고 진로탐색을 하게 하라.

다중지능은 자녀의 흥미도와 밀접한 관련이 있다. 논리수학지능이 높은 학생과 신체운동지능이 높은 학생은 학습에서도 흥미를 느끼는 분야가 다르며 진로에 관한 관심도 다르다. 논리수학지능이 높은 학생은 일반적으로 수학시간을 재밌어할 것이고, 신체운동지능이 높은 학생은 체육시간이 재밌을 것이다. 학교에서 가장 흥미로운 과목에 집중하게 하라. 체육시간이 가장 즐겁다는 자녀에게 "공부 안 하고 노니까 좋은 거니?"라고 말하는 것이 아니라 "너는 신체운동지능이 높아서 체육활동이 재밌고 잘할 수 있어서 그런가 보다."라고 지지해 주자. 그리고 자녀의 지능과 관련된 취미활동을 하게 해 주자. 다중지능을 알고 공부하면 행복하게 공부하는 법을 자녀들은 배울 수 있다는 걸 명심해야 한다. 다중지능은 자녀의 진로 설정에 있어 선택과 집중을 하는 중요한 척도가 되어 줄 수 있다는 걸 명심하자.

자유학기제 성공비법 7
'앙터프레너십'을 자극하라

'앙터프레너십(entrepreneurship)'이라는 말을 알고 있는가? 앙터프레너십은 '새로운 직업을 디자인하거나 새로운 일자리를 만들어 가는 창업가 정신'을 말한다. 우리 자녀들이 살아갈 시대는 지금보다 더 극심한 '고용 없는 성장'이 이어질 가능성이 크다. 여기에 인간의 수명은 늘어나 100세 시대를 예고하고 있다. 고용은 줄고 수명은 늘어난 상황에서 한 가지 직업을 평생 직업으로 삼겠다는 생각은 시대착오적인 발상일 수밖에 없다. 우리 아이들이 이런 시대에 성공적으로 살아가기 위해 앙터프레너십은 반드시 필요한 능력이 되고 있다. 앙터프레너십을 발휘하기 위해서는 창의력, 추진력, 판단력, 독립심, 인내심, 협동심, 리더십 등이 필요하다. 자녀가 자유학기제 기간에 이 능력을 배우게 해야 한다.

[코칭 포인트] 앙터프레너십을 향상시킬 수 있는 코칭법

자녀에게 창업시뮬레이션을 해 보게 하자.
1. 만들고 싶은 회사
2. 회사 이름 정하기
3. 회사 슬로건 만들기
4. 로고 그려 보기
5. 인력 배치해 보기

자유학기제를 통해
무기력에서 빠져나온 은서 이야기

은서를 처음 만났을 때, 은서는 하고 싶은 것도 없고, 필자와 수업도 하기 싫다고 했다. 멍하니 앉아 필자와 눈을 마주치는 것조차 싫어했고, 의욕 자체가 없어 보였다. 컨설팅을 요청했던 은서 엄마는 딸에 대한 불안과 자유학기제에 대한 불만이 상당히 높은 상태였다. 은서가 다니는 학교는 자유학기제 시범학교였는데 은서 엄마는 은서가 자유학기제가 되면서 학원을 빼먹기 일쑤라고 했다. 시험을 보지 않아서 그런지 공부는 더 안 한다고 했다. 중2가 되면 다시 시험을 봐야 하는데 도대체 어쩌려고 그러는지 걱정이 태산이었다. 학교시험 기간이 없으니 이 기회를 이용해서 선행학습을 해 두면 중2 때 성적이 좋게 나올 텐데 말을 듣지 않는다며 화가 잔뜩 나 있었다. 학원을 안 갈 거면 집에서 엄마와 계획을 세워 공부하자고 했지만 은서가 그건 더 크게 반발한다고 했다. 은서 엄마는 필자에게 은서가 계획을 세우지 않아 공부를 안 하는 것 같다며 자기주도학습 플래닝법과 공부법을 요청했다.

그렇게 시작된 은서와의 만남이 나중에 어떻게 달라졌을까? 필자는 우선 은서의 다중지능검사를 했다. 다중지능검사를 통해 은서는 '신체운동지능 ›

음악지능 〉 대인관계지능' 순으로 나타났다. 결과지를 보면서 자신에게 맞는 직업 중 뮤지컬 배우가 있는 걸 보고 은서는 매우 반가워했다.

"뮤지컬에 관심이 있니?"

"뮤지컬배우가 꿈인 적이 있었죠. 근데 엄마가 하도 난리 피워서 안 하기로 했어요."

"하고 싶은 걸 못하게 해서 속상했겠구나."

마음을 공감해 주자 은서가 필자의 얼굴을 처음으로 정면으로 바라봤다. 그때부터 은서는 마음을 털어놓기 시작했다. 자기는 춤과 노래가 좋은데 엄마는 그런 자신의 모습을 한심하게 여긴다는 것이다. 그때부터 엄마도 싫고 공부도 더 하기 싫고 학교도 다니기 싫어졌다고 한다. 은서 엄마와의 상담을 통해 시험이 없는 자유학기제 기간이니 은서를 자유롭게 해 주자고 말씀드렸다.

"자유학기제이니 차라리 이 시즌을 자유롭게 이용해 보세요. 엄마의 욕심도 잠깐 내려놓으시고요."

엄마의 협조로 은서의 생활은 변하기 시작했다. 일주일에 1시간 30분씩 2번, 본인이 좋아하는 춤과 노래를 배우러 다니게 되었다. 조금씩 은서의 표정에 생기가 돌았다. 자유학기제 기간에 은서는 친구들과 연극도 발표했고, 학교생활에 대한 흥미도 회복했다. 엄마와의 상한 감정으로 인해 학습감정까지 흩어졌던 은서의 감정이 정리되기 시작하면서 학습에 대한 동기부여도 일어나기 시작했다. 은서의 학습의욕을 서서히 키워 주기 위해 좋아하는 분야와 관련된 책을 읽게 했고, 그 내용을 함께 나누는 시간을 갖고, 정리하는 시간을 자주 가졌다. 엄마와 은서는 뮤지컬 공연을 자주 관람하러 다니자 은서의 얼굴빛이 달라졌다. 아직 공부는 열심히 하진 않지만, 침대에서 휴대폰만 들여다보기보다 책을 자주 읽는다. 엄마는 그런 은서가 예쁘단다.

중1 은서. 은서의 꿈은 뮤지컬배우에서 다른 꿈으로 달라질 수도 있다. 중요한 것은 자신이 꿈꾸는 것을 인정받고 자신이 흥미로운 것을 학교생활을 통해 표현해내는 기회를 갖는다는 것이다. 이 기회를 통해 아이들은 건강한 마음을 회복하고 성장한다. 중1 소녀에게서 '무기력'과 '우울'이 사라졌다는 것이 내신성적 몇 점보다 훨씬 값지지 않은가?

UNIVERSITY

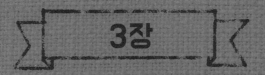

3장

- 중2 학교생활 코칭 -

자기주도학습으로
'학교생활기록부 관리능력'을 키워라

사춘기라는
격동기

필자는 초등학교 1학년부터 고등학교 3학년까지 다양한 연령대의 학생들을 만나는데, 중2를 대상으로 하는 강의가 부담스러울 때가 있다. 이상할 정도로 부정적이고, 책상에 누워 있거나, 어떤 수업도 관심 없다는 눈빛으로 자신에 대한 방어망을 치고 있는 학생들이 중2 교실에 확실히 많기 때문이다. 초롱초롱하게 강사의 말을 귀 기울여 듣는 초등생과 진지하게 인생을 고민하며 진로를 모색하는 고등학생 사이에서 중학생은 어디로 튈지 모르는 화난 탁구공 같거나, 무기력감에 빠져 필드에 누워 있는 축구선수 같아 보인다. 아마 많은 부모가 자녀의 이런 모습에 놀라기도 하고, 답답하기도 하고, 속상하기도 할 것이다.

그런데 어릴 때는 천사 같던 아이들이 어떻게 이렇게 속을 까맣게 타들어 가게 만드는 존재로 변했을까? 그건 지금 아이들이 '사춘기'라는 터널을 통과 중이기 때문이다. 이 시기의 아이들을 바라볼 때 많은 선생님과 부모가 '도대체 너 왜 이래?'라고 문제시하며 갈등을 만들 때 오히려 문제해결이 어렵다는 걸 현장에서 많이 목격한다. 필자 역시 자녀를 양육하는 엄마로서 혹독한 사춘기를 거쳐 봤다. 거기서 얻은 답은 사춘기는 일시적이란 것을 알고 인정해 주면 된다는 것이다. 그렇다고 무관심하라는 게 아니라 충분히 공감해 주란 얘기다.

우리나라 청소년들만큼 학업 스트레스를 많이 받는 나라도 드물다. 아이들은 과도한 학업 스트레스를 초등학교 때부터 겪어 왔다. 성적으로 경쟁하며 비교당해 온 아이들은 학교생활이 만족스럽지 않고, 마음은 곪아 있다. 그 고름이 사춘기 때 열등감에 찌든 우울감으로, 분노를 담은 폭력성으로, 비판을 담은 반항으로 터져 나오는 경우가 많다. 우리는 이들을 도와주어야 한다. 거리를 떠도는 청소년들을 볼 때마다 '누군가 너의 마음을 많이도 아프게 했구나'라는 반성이 파도처럼 밀려든다.

사춘기가 절정이라는 중학교 2학년 자녀들이 겪고 있는 심리적 질풍노도를 "그래, 지금은 그럴 때니까!"라고 공감해 주자. 대부분의 건강한 학생들은 시간이 지나면 사춘기의 마술에서 깨어나게 된다. 자그마한 알에서 예쁜 종달새가 나오듯, 답답한 자신의 세계를 깨고 나오게 된다. 그때는 부모와 인생을 논하고, 사랑을 논하며, 마음의 친구가 되어 줄 것이다.

[코칭 포인트] 사춘기를 건강하게 이겨내도록 돕는 방법

일시적으로 학습의욕이 크게 떨어질 수 있다. 그럴 때 절대 다그치지 말자. 그 과정 속에서도 자녀는 '인생에 대해' 뭔가 배우고 있다는 걸 받아들이자. 이 시기에 학교생활과 학업에 대한 잔소리는 쥐약이다. 아이들은 학교에서 이미 수도 없이 듣고 있다. 어떻게 공부해야 하고, 친구들에게는 어떻게 해야 하는지 누구보다 잘 알고 있다. 잔소리는 결코 사춘기 자녀에게 도움이 안 된다.

현관문을 열고 들어올 때부터 스트레스를 주는 부모가 되어서는 안 된다. 집을 편안한 곳으로 여기게 해야 한다. 사춘기 때 집이 불편해지기 시작하면 아이들은 거리나 친구 집, 휴대폰 속으로 방황하게 된다.

이때는 학교 선생님과의 소통이 어느 때보다 필요하다. 솔직한 대화를 통해 학교 선생님과 자녀문제를 소통하라. 이 시기에는 학교와 집에서의 모습에 큰 차이를 보이는 학생들이 많다.

사춘기를 건강하게 이겨내는 만능열쇠! 자존감

혹시 알고 있는가? 사춘기를 건강하게 이겨내게 하는 만능열쇠가 있다는 것을. 그것은 바로 '자존감'이다. 다음은 이무석 박사의 《자존감》이라는 책의 내용을 정리한 것이다.

자존감이 높은 사람	자존감이 낮은 사람
• 자신의 신체에 만족도가 높다	• 눈, 코, 체중 등 자신의 신체를 마음에 들어 하지 않고 부끄럽게 여긴다.
• 공감능력이 높다. • 남의 감정을 파악하는 능력이 높다.	• 남의 감정을 잘 파악하지 못하고 다른 사람이 나를 어떻게 보는지에 신경 쓰느라 상대방의 감정을 읽을 여유가 없다. • 상대방의 감정을 자기 식대로 부정적으로 해석해 버린다.
• 리더가 된다. • 사람을 좋아할 뿐 아니라 그 사람이 잠재 능력을 발휘하는 것을 돕는다. • 인정이 많고 자신감이 있으며 미래에 대해 희망적이다.	• 미래에 대해 부정적이다. • 자신감이 없다. • '못할 것 같다'는 말을 자주 한다.

자, 여러분의 자녀는 어떤 사람인가? 자존감이 높은 사람인가, 아니면 그 반대인가? 사춘기는 자신에 대한 시각을 정립하는 제2의 탄생기다. 이때 부모는 자녀의 자아존중감을 높여 줘야 하는 절대적 사명감을 갖고 이 땅에 태어났다고 감히 말하고 싶다. 아이들의 자존감이 무너져 내리면 그 아이는 학교생활도 직장생활도 가정생활도 행복하게 주도해 나가지 못한다. 안타깝게도 우리나라의 많은 학생이 '성적' 때문에 자존감이 땅에 떨어져 있다. 여학생들의 경우 '외모'로 인한 자존감 하락도 심각하다. 자존감이 떨어지면 학습에서도 역효과이다. 자존감이 높은 아이들은 자기를 가꾸고자 하는 마음이 있기 때문에, 스스로 문제를 해결하고자 하는 자기주도학습이 가능하다. 반대로 자존감이 낮아지면 자기주도학습이 어려워진다.

그러면 어떻게 해야 할까? 해결방법을 찾아야 한다. 평범해 보이는 이야기가 정답이다. '칭찬하라. 들어주라. 인정해 주자. 자율성을 주자. 지나치게 간섭하지 말자. 구속하는 사랑이 아니라 믿기에 놓아주는 사랑을 주자.' 자존감이 회복되면 인간의 본성 중 '향상심' 즉, 나아지고자 하는 마음을 발휘하게 된다. 니체는 향상심이 없다면 죽은 사람과 다름없다고 했다. 순수한 향상심은 자기 자신을 높여 가려는 태도로 인생의 참된 기쁨이 솟아난다고 말했다.

[코칭 포인트] 자존감을 높이는 대화

학교에서 집으로 돌아온 자녀와의 대화에서 자존감을 크게 향상시킬 수 방법들이 있다. 성적과 관련한 대화가 아닌 학교생활 중 자녀가 잘해낸 일들을 찾게 해 주자. 그 안에서 느낀 점을 묻자. 대화를 경청하며 자녀가 해결한 문제들에 대한 과정을 듣고 그 과정을 칭찬해 주자. 자존감은 성적 향상을 통해서만 높아지는 게 결코 아니다. 사소한 학교 일상 가운데 성취해낸 작은 일들을 통해서도 자존감은 향상된다.

일시적으로 흐트러진
학습감정을 안정시키는 묘약!
부모의 수용성

사춘기 자녀들의 특징을 부모가 이해해야 한다. 최성애 박사의 《감정코칭》이라는 책에서 사춘기 청소년의 특징을 세 가지로 이야기한다. '첫째, 한 번에 한 가지만 생각한다. 둘째, 감정 기복이 심하다. 셋째, 충동적이고 절제하지 못한다.' 이런 특징을 보이는 사춘기 자녀들이 부모에게는 생각 없어 보이고, 예의 없어 보이고, 심리적으로 질병이 있어 보이기도 하고, 인간이 아닌 미지의 세계에서 온 또 다른 인류로 보이기도 할 것이다. 사춘기를 겪는 자녀 때문에 눈물을 흘리는 부모들도 많다. 중요한 것은 이 시기에 자녀의 달라진 모습을 받아들이지 못해 자녀와 감정의 골이 깊어지거나, 여전히 자녀를 말 잘 듣는 초등학생으로 남길 바라는 부모가 되어서는 안 된다는 것이다. 아이들이 부모에게 감정이 상해 있거나 자신의 감정이 받아들여지지 않는 경우, 이로 인해 학습감정까지도 상하는 경우가 많다.

사춘기 자녀를 학습이나 생활면에서 바르게 코칭하고 싶은가? 그렇다면 자녀의 감정을 수용하고 공감하는 부모가 되어야 한다. 학교 '위클래스' 수업에서 필자에게 도움을 요청해 올 때가 많다. 학교 부적응 학생들이나 학습의욕저하로 심각한 문제를 겪는 학생들, 학교에서의 대인관계 문제로 갈등하는 학생들을 많이 만나게 된다. 놀랍게도 그 학생들의 깊은 고민은 '가정'에서 비롯되고 있었다. 자신을 인정해 주지 않거나 지지해 주지 않는 부모님, 지나친 학습을 강요하는 부모님, 부부 간의 불화로 가정이 불안정한 환경, 이런 이유로 학생들의 마음은 학습에 집중할 수 없는 상태에 놓여 있었다.

초등학교까지 예쁘고 잘났던 아들딸이 사춘기라는 격동기에 학교에서 적응을 못할 수 있음을 부모들은 알아야 한다. 초등학교 때부터 부모에 대한 분노, 불만이 컸던 학생들이 사춘기 때 충동이나 자기억제력이 약해지면서 학교생활이나 학습 면에서 크게 문제가 드러나는 경우가 많다. 마음에 분노가 가득 하면 우리의 두뇌는 이성적 판단을 통한 문제해결력을 발휘하기 어렵다. 부모들은 자녀의 분노 섞인 감정까지도 수용하고자 하는 열린 마음을 가지고 사춘기를 준비해야 한다.

[코칭 포인트] 흐트러진 학습감정 살리는 법

중학교 1학년 때까지 잘 다니던 학원을 2학년이 되면서 아들이 다니기 싫다고 이야기한다.

"엄마 나 정말 그 학원 다니기 싫어!"

"잔말 말고 다녀, 그 학원이 가장 유명한 학원이야."

엄마는 학원에 다니기 싫다고 말하는 아들의 말에 화가 난다. 그렇지만 자녀의 흔들리는 학습감정에 이런 방법으로 대응해서는 안 된다. 특히 사춘기 때는 더욱 그렇다. 자녀의 학습감정 상태에 귀 기울이고 있어야 한다.

"그래, 네가 다니기 싫구나. 힘들겠네."

먼저 아이의 메시지를 수용해 주면서 대화를 시작하자. 그런 다음 질문하자.

"학원에서 무슨 일이 있니?"

그리고 아이의 이야기를 경청해 주자. 이것이 너무나 중요하다. 왜냐면 감정은 삶의 동기를 만들어주기 때문이다. 우리는 싫어하는 사람과 마주 앉아나 커피를 마시고 싶지 않다. 즉, 감정이 나쁘면 그 어떤 것도 함께하고 싶지 않게 된다.

공부도 비슷하다. 감정상의 문제를 겪는 학생들은 학교생활이나 학습에 동기가 없거나 약하다. 이런 학생들에게 공부의 중요성을 이야기한다고 해서 공부가 하고 싶겠는가? 먼저 그 감정을 이해해주고 공감해줌으로써 자신의 모습을 이성적으로 바라보면서 문제를 해결해나갈 수 있게 도와야 한다. 이것이 수용형 부모의 특징이다. 특히 사춘기의 흐트러진 감정, 충동적인 감정을 부모가 이해해주지 않으면 아이들은 그 해결책을 잘 찾지 못한다.

건강한 감정이 채워졌다면
이제 자기주도적 공부다!

　자녀를 향한 믿음과 수용성 그리고 대화를 통해 거친 파도 같은 질풍노도의 자녀를 현명하게 코칭하고 있는가? 이제 건강한 감정이라는 튼튼한 바위 위에 '학습'이라는 견고한 집을 새롭게 지어야 한다. 초등학교까지의 학습력은 자녀의 두뇌, 그것도 암기력을 다루는 부위의 능력에 따라 차이가 나는 경향이 있다. 그러나 중학교부터의 공부는 암기능력만으로 되지 않는다. 좀 더 복잡한 사고력도 필요하지만 가장 중요한 '학습 습관'에 따라 성적이 크게 좌우된다. 중학교 때부터는 공부 습관이 잡혀 있는 학생과 그렇지 않은 학생의 성적이 하늘과 땅 차이로 벌어진다.

　학생들의 성적에 직접적 영향을 미치는 학습 습관은 부모의 잔소리로 들여지지 않는다. 습관은 내적 동기가 가장 중요하다. 자신의 내면에서 동기가 일어나야 습관이 된다는 것이다. 그래서 학습 습관은 자기주도학습능력에서 나올 수밖에 없다. 그런데 이런 메커니즘을 이해 못하는 엄마들이 공부에 대한 동기부여가 되어 있지 않은 상태에서 학습 습관을 들이려고 하면 "또 휴대폰이야? 생각이 있는 거니, 없는 거니?" "어떻게 10분을 책상에 못 앉아 있니? 참 한심하다."와 같은 잔소리를 하면서 결국 자녀와 갈등하게 된다.

자녀의 학습 습관을 길러 주려면 먼저 부모가 자기주도학습능력을 이해해야 한다. '자기주도학습능력'이란 학습자 스스로가 학습의 참여 여부에서부터 목표설정 및 학습목표 달성을 위한 학습 계획의 수립, 교육 프로그램의 선정과 학습 계획에 따른 학습 실행, 교육평가에 이르기까지 교육의 전 과정을 자발적 의사에 따라 선택·결정하고 조절과 통제를 하는 학습형태이다. 이 능력은 중학교에서 특목고(과고, 영재고 포함)에 갈 때나, 고등학교에서 학생부종합전형으로 대학에 갈 때 꼭 필요한 역량이다. 입학사정관들은 학생이 자기주도학습능력을 가지고 있는지를 매우 중요하게 여긴다.

자녀의 자기주도학습능력을 키워 주고 싶은가? 이 능력은 단순히 책상에 스스로 앉아 열심히 숙제하고 공부하는 인내력이 아니다. 자기주도학습능력을 키우기 위해서는 자녀들에게 문제를 해결하는 방법을 가르쳐 주어야 한다. 즉 고기를 잡아주는 게 아니라 고기 잡는 방법을 가르쳐야 한다. 여기서 더 한 단계 높은 고수 부모는 바로 고기를 잡는 방법을 혼자서 터득하기까지 인내해 주는 것이다. 다시 말하지만 자기주도학습은 혼자서 숙제하고 야간 자율학습을 하는 것이 아니라 '학습에서의 주도권을 학습자가 갖는 것'이다. 자기주도 학습자는 스스로 목표를 설정하고 학습을 하고 스스로를 피드백한다. 이 과정에서 진정한 자기주도학습자는 자기 조절력과 통제력을 발휘하여 목표를 이루기까지 스스로 노력한다. 이 과정이 완전히 습관으로 자리 잡은 학생이 진정한 자기주도학습자라 할 수 있다.

스스로 하고 싶은 공부를 찾게 하라

자녀의 '한심한 성적' 때문에 필자를 찾아오는 분들이 많다. 부모들에게 "자녀가 왜 성적이 나쁠까요?"라고 물으면 "공부 습관이 안 잡혀 있어요."라고 말씀하신다. 아이에게 "너는 무엇 때문에 성적이 안 나오는 것 같니?"라고 물으면 "그냥 하기 싫어요."라고 말하는 경우가 많다.

이것이 성적이 나오지 않는 이유에 대한 엄마와 자녀의 '관점 차이'다. 영원히 만나지지 않는 평행선처럼 공부나 성적에 대한 생각 차이가 존재한다. 필자는 먼저 부모들이 그 간격을 좁혀 주어야 한다고 강력하게 주장한다. 왜냐하면 자기주도학습은 그 목표가 학습자 본인에게서 나와야 하기 때문이다. 만일 원하지도 사랑하지도 않는 상대와 강제로 결혼하라고 한다면 어떨까? 우리는 그 순간 강제로 결혼해야 하는 상대가 어떤 사람인지 관심도 두지 않은 상태에서 더 싫어지기 시작하지 않을까?

공부는 엄마가 하는 것이 아니라 자녀가 하는 것이다. 자녀의 자기주도학습능력을 키워 주고 싶다면 자녀가 스스로 '하고 싶은 공부'를 찾게 하라. 공부와 행복한 결혼을 할 수 있어야 자녀의 최고의 자기주도력이 나올 수 있다는 것을 명심하자. 이제 공부하란 말을 줄이고 "너는 무엇을 하고 싶니?"라고 물어보면 어떨까? 자녀가 자꾸만 목표를 고민하게 하라! 목표가 있어야 계획이 생기고 계획이 있어야 효율적으로 실행할 수 있고, 성취감을 얻을 수 있다. 자기주도학습능력은 명확한 목표가 있을 때 나올 수 있다는 것을 명심하자. 이것이 된 상태에서 학습 습관화를 들여야 한다.

[코칭 포인트] 자기주도학습능력을 키우는 대화법

학습에서 목표는 꼭 자녀가 설정해야 한다. 목표를 부모가 정해 준 아이들의 경우, 사춘기 때 공부에서 멀어질 수 있다. 스스로의 목표를 정하게 해야 하는데 이 과정에서 공감형 대화를 통해 자녀의 목표를 인정해 주어야 한다. 이 목표에서 계획이 나오고, 이 계획을 바탕으로 공부하는 습관을 만들어 주자. 중학교 때 이 능력이 형성되지 않으면 고등학교에 가서는 학습량이 많아지기 때문에 공부가 버거워질 수 있다.

〈공감을 통한 목표 찾기 대화법〉
1단계 – 자녀의 목표가 무엇인지 듣는다.
2단계 – 그 목표를 이루는 데 방해가 되는 현실적인 문제들에 관해 듣는다.
3단계 – 현실적 문제들 가운데 본인이 해결할 방안들을 찾게 한다.
4단계 – 자신의 목표를 이루고자 하는 의지를 갖게 한다.

자기주도학습능력 향상법 2단계
학습 계획을 학습 습관으로 연결하기

　자기주도학습능력이 탁월한 학생들의 특징 중 하나는 공부를 어떻게 할지를 계획하고 공부할 분량과 방법을 스스로 선택한다는 것이다. 그리고 학교 숙제나 시험에 대해서도 미리 계획을 세운다. 또한 탁월한 자기조절력을 발휘하여 놀고 싶어도 참고 목표를 위해 열심히 공부한다. 우리 집 애가 그렇다고 느끼는 엄마가 있다면 정말 행복한 엄마다. 이미 이런 아이는 공부하지 말라고 해도 하는 수준에 이르렀기 때문이다. 하지만 많은 부모가 이렇게 말한다.

　"우리 집 애는 아무 생각이 없어요. 계획성도 없고, 시험 시간이 되면 벼락치기나 하고."

　이제 자녀들에게 '계획성'을 익히게 하는 코칭법을 설명하고자 한다. 학습에 대한 계획성이 부족한 자녀에게 학습 계획을 강요하는 것은 효과적이지 못하다. 우선은 생활 속에서 '계획 짜기' 습관을 들여 줄 필요가 있다. 가족여행이나 명절 일정, 주말 외식 등을 자녀에게 직접 계획해 보게 하자. 가족여행 계획을 세워 보라고 하면 처음에는 허술하게 해

올 수도 있다. 하지만 이때 부모가 아이의 의견을 존중해 주면서 세세한 계획을 짤 수 있게 도와주면 마음을 열고 계획 짜기에 흥미를 느낄 것이다. 중요한 것은 자녀가 짠 계획을 지지해 주고 실제 여행에서 자녀의 계획대로 실행하면서, 그 과정에서 칭찬하고 느낀 점 등을 표현해 주는 것이다. 이렇게 한다면 자녀는 계획을 세우는 것에 대한 기쁨을 느끼게 될 것이다. 이런 경험을 토대로 학습 계획도 스스로 세워 보도록 도와야 한다. 학습 계획은 학습 습관을 들일 수 있는 시동 걸기라고 할 수 있다. 이 중요성을 부모들은 꼭 명심해야 한다.

[코칭 포인트] 학습 계획을 통해 학습 실천력 높이기

학습 계획을 세우는 것에만 그친다면 의미가 없다. 계획을 통해 실천력을 높여야 한다. 실천력을 높이는 방법이 있다.

첫째, 학생이 스스로 세운 계획을 자신만 알고 있게 하지 말고 가족이나 친구들에게 알리게 하라. 자신이 한 말에 무책임한 모습을 보이고 싶지 않아서라도 계획을 실천하려 할 것이다.

둘째, 반드시 피드백을 함께하라. 계획에 맞춰 어느 정도 실천했는지를 성찰하게 해야 한다. 이때 부모가 자녀를 비난하거나 실행하지 못한 것들에 대해 지적한다면 역효과다. 자녀가 자신이 실행한 것을 즐겁게 평가하게 해야 한다. 그리고 스스로 수정할 수 있도록 유도해 주고 새로운 의지를 갖도록 코칭한다. 이 과정이 자녀의 자기조절능력, 자기통제능력을 향상시키고, 학습근력을 단단하게 만드는 중요한 지점이라는 것을 잊지 말자.

전 학년 'ALL A'는 흔한 성적
– 중학교 '성취평가제' 도입의 현실

중학교는 이제 '성취평가제'를 시행하고 있다. 성취평가제는 과연 뭘까? 한마디로 '절대평가제'라고 이해하면 쉽다. 그동안 우리나라는 상대평가제를 실시하면서 많은 한계점이 드러났다. 학생들 간의 과도한 경쟁에 따른 스트레스가 부각되었고, 학교 지필고사가 지나치게 어렵게 출제되는 문제도 있었다.

이를 극복하기 위해서 성취평가제가 도입되었다. 성취평가제는 학생들이 지나친 경쟁에서 벗어나 교육과정에 맞는 성취 수준에 다양한 학습이 가능하도록 하고, 학습능력을 향상시키는 것을 목적으로 한다. 성취평가제는 학생들 간의 상대적 서열중심 평가가 아닌 학생들이 성취해야 할 목표중심 평가로의 변화를 뜻한다.

중학교 성취평가제 성취도 수준별 환산 방식은 다음과 같이 A~E, 총 5단계로 나뉜다.

성취도 수준	A	B	C	D	E
부여 점수	5	4	3	2	1
학기당 환산점수	40	36	32	28	24

기존의 상대평가제에서는 학생들의 성적을 9단계로 구분했었다.

기준	4%	11%	23%	40%	60%	77%	89%	96%	100%
등급	1등급	2등급	3등급	4등급	5등급	6등급	7등급	8등급	9등급
환산점수	40.0	38.4	35.6	30.8	24.0	16.0	9.2	4.4	1.6

성취평가제와 상대평가제를 비교해 보자. '성취평가제'는 상대평가제에 비해 평가 단계의 구간이 넓다. 그렇기 때문에 환산점수에서도 차이가 크다. 즉, 1등급과 2등급 차이는 1.6점이지만 A등급과 B등급은 4점 차이가 난다. 특목고나 과고, 기타 성적을 반영하는 고입을 위해서는 A등급을 받아야 한다. 절대평가이다 보니 A등급을 받는 학생 수가 매우 많다.

현재 외고와 국제고 입시에서는 2학년까지의 성적은 성취평가제를, 3학년 영어 교과에서는 기존의 상대평가제 점수를 사용하고 있다. 외고나 국제고를 제외한 나머지 고입 입시에서는 성취평가제로 학생들을 평가하고 있다. 그렇다 보니 내신점수로는 학생들의 차별성을 변별하기 어렵게 되었다. 전 학년 'ALL A'는 흔한 점수가 된 것이다.

특목고, 자사고 합격의 최고 전략
-차별화된 '학교생활기록부'

　특목고나 자사고 전형에서 성취평가제로 인한 중학교 내신 변별력이 줄어들면서 서류와 면접의 중요성이 부각될 수밖에 없다. 외고나 자사고 입시를 준비하는 학생들을 보면 모든 과목이 ALL A인 학생들이 흔하다. 그렇다면 무엇으로 특목고에 합격할 수 있을까? 그것은 바로 차별화된 '서류'와 '면접'이다.

　'서류'에서 가장 중요한 것은 '학생부'와 '자소서'이다. 그리고 이 서류를 바탕으로 진행되는 '면접'이 특목고 합격의 당락을 좌우한다. 특목고 면접에 필요한 서류는 '학생부, 자소서, 교사추천서' 등이 있는데 학교에 따라 '교사추천서'가 필요 없는 학교도 있다. 이 중에 가장 중요한 서류를 꼽으라면 필자는 '학생부'라고 말한다. 왜냐면 학생부는 교사들이 작성한 객관적 자료이기 때문이다. 그렇다면 어떤 학생부가 특목고 합격에 유리할까? 학생부에 '학교가 원하는 인재상'이 드러나야 한다. 일반적으로 대학이 원하는 인재상과 특목고가 원하는 인재상이 다르지 않다. 특히 서울대는 우리나라 입시에서 좌표 역할을 하는 학교다. 서울대의 인재상을 통해 특목고가 원하는 인재상을 알 수 있다.

[코칭 포인트] 학교가 원하는 인재상을
학생부에 나타나게 하라

고입의 인재상과 대입의 인재상은 크게 다르지 않다. 서울대 입학전형에 나타난 인재상은 대입과 고입이 어떤 인재상을 원하는지를 나타내는 내비게이션 역할을 해 준다. 이제 성적은 기본이고 창의적체험활동(비교과)이 학생의 우수성을 드러내는 중요한 역할을 한다.

― 서울대학교는 이런 학생을 기다립니다 ―
• 학교생활을 성실히 수행하고 학업능력이 우수한 학생
• 학교생활에서 적극적이고 진취적인 태도를 보인 학생
• 다양한 교육적 · 사회적 · 문화적 배경과 경험을 지닌 학생
• 사회적 약자에 대한 배려와 공동체 의식을 가진 학생
• 글로벌 리더로 성장할 수 있는 자질을 지닌 학생

서울대학교는 장차 훌륭한 인재로 성장할 가능성을 지닌 학생들을 선발하려는 것입니다. 그 가능성은 단순히 수능 또는 내신 점수만으로는 파악하기 어렵습니다. 학생부 종합전형은 학생 여러분을 점수 수치로 판단하는 것이 아니라 하나의 인격체로 파악합니다. 여러분이 서울대학교가 원하는 인재로 성장하고 싶다면 먼저 각자의 자리에서 현재 자신의 모습을 평가해 보기 바랍니다. 그리고 미래에 우리 사회를 위해 어떤 기여를 할지 꿈을 가져 보십시오. 학생부 종합전형을 대비하는 가장 좋은 방법은 자신의 과거, 현재, 미래의 모습을 성찰하고 이를 이루기 위해 노력한 과정을 있는 그대로 보여 주는 것입니다.

서울대 입학전형 참조

'학교생활기록부 관리능력'을
키워 놔야 특목고도 가고 서울대도 간다

중학교 학부모들에게 "자녀의 학교생활기록부를 나이스에 들어가서 본 적 있으세요?"라고 물으면 상당수가 "아니오"라고 답한다. 여전히 학부모들은 학생부에 대한 거리감을 가지고 있다. 학생들 역시도 자신의 학생부에 무엇이 적히고 있는지 잘 모른다. 특목고를 준비하는 학생들의 부모들은 입시를 준비하면서 그때서야 자녀의 학생부를 보게 되는 경우가 많다. 고등학교에 들어가서도 이렇게 한다면, 대학 수시 원서를 쓸 때가 되어서야 자녀의 학생부 기록을 보게 될 것이다.

부모님들이 자녀의 학생부와 친해져야 하고, 자녀 역시 자신의 학생부를 살피고 체크하는 훈련을 중학교 때부터 시작해야 한다. 왜 그럴까? 학생들은 학생부를 통해 자신의 모습이 객관적으로 기록되고 있다는 것을 인식하고, 자신의 학교생활을 돌아보게 된다. 이런 객관화는 자기인식에 매우 도움이 된다. 또한 학생부의 구조와 기록 방식을 이해하면 자신이 어떤 것에서 어떻게 평가받아야 하는지 계획이 서게 되어, 학교생활에 대한 전략적 디자인이 가능해진다. 중1이 자유학기제에 집중하는 기간이라면, 중2는 학생부에 대한 이해를 바탕으로 한 학교생활에 대한 전략적 접근을 가르쳐야 한다.

부모들이 학교에 다니던 시절, 학생부는 학생이 접근할 수 없는 금기의 대상이었다. 그러다 보니 학부모는 여전히 학생부에 대해 거리감을 느끼고 있지만 이제 시대가 달라졌다. 학생부는 학교에서 교사가 기록하지만, 나이스(www.neis.go.kr)를 통해 열람할 수 있는 공개 자료이다. 엄마들이여, 자녀의 학생부를 살피는 것을 게을리하지 마시길! 이 학생부를 통해 특목고도 가고, 서울대도 가는 시대가 되었다.

[코칭 포인트] 학생부 관리능력을 키워 주는 법

1. 자신의 관심, 적성이나 소질, 진로 등을 진지하게 고민하고 탐색하게 한다.
2. 학교생활에 충실하고, 적극적으로 참여하게 한다.
3. 자신이 참여한 활동에 대하여 꾸준하게 기록하고 관리(보관)하는 습관을 갖게 한다.

한국 대학 교육협의회 현직 입학사정관에게 듣는 100문 100답 참조

학생부 관리능력 코칭 1

학교생활기록부 전체를 이해하라

학생부의 중요성을 알게 되었다면, 이제 그것을 어떻게 관리해 나 갈지를 알아야 한다. 그 첫 번째는 학생부를 전체적으로 이해하는 것 이다. 교육부 자료를 바탕으로 학생부 전체 구조를 이해해 보자. 중학교 학생부는 1. 인적사항 / 2. 학적사항 / 3. 출결상황 / 4. 수상경력 / 5. 진 로희망사항 / 6. 창의적 체험활동상황 / 7. 교과학습발달상황 / 8. 독서 발달상황 / 9. 행동특성 및 종합의견으로 구성되어 있다. 학생부는 성적 만을 기록하는 것이 아니다. '5. 진로희망사항'이 말해 주듯 자녀의 진로 를 기초로 해서 적혀지는 생생한 학교생활 전반에 관한 기록물이다.

필자는 전국을 다니며 학생들을 만나는데 탁월한 학생부를 기록하는 학생은 탁월한 학교생활을 하고 있다는 걸 피부로 느낄 때가 많다. 학생 부는 학생의 학교생활에 대한 확실한 증거물이다. 그래서 명문대일수록 학생부 전체를 반영하는 '학생부 종합전형'을 통해 '학업역량' '전공적 합성' '성장잠재력 및 발전가능성' '창의성' '인성' 부분에서 우수한 학 생들을 많이 선발하고 있다.

1. 인적사항

학 생	성명 : 박○○　　성별 : 남　　주민등록번호 : 021012-3234567
	주소 : ○○도 ○○시 ○○구 ○○로 ○○3길 32, 101동 1508호 (○○동, ○○아파트)

가족 상황	부	성명 : 박○○　생년월일 : 1968년 03월 02일
	모	성명 : 강○○　생년월일 : 1969년 04월 05일
	특기사항	

2. 학적사항

2015년 02월 13일　ㅁㅁ초등학교 제6학년 졸업 2015년 03월 02일　○○중학교 제1학년 입학(2015년 03월 27일 전출) 2015년 03월 28일　△△중학교 제1학년 전입학
특 기 사 항

3. 출결상황

학년	수업일수	결석일수			지 각			조 퇴			결 과			특기사항
		질병	무단	기타	질병	무단	기타	질병	무단	기타	질병	무단	기타	
1	190	6			1			3						편도선수술(6일)
2														
3														

4. 수상경력

구분	수 상 명	등급(위)	수상연월일	수여기관	참가대상(참가인원)
교내상	독후감쓰기대회	우수상(2위)	2015.05.30.	○○학교장	1·2학년(980명)
	교과우수상(국어, 사회)		2015.07.15.	○○학교장	1학년
	한글날기념글짓기대회(산문부문)	장원(1위)	2015.10.09.	○○학교장	전교생(1532명)
	모범상		2015.11.05.	○○학교장	1학년(585명)

5. 진로희망사항

학년	특기 또는 흥미	진 로 희 망		희망사유
		학 생	학부모	
1	과학도서읽기	과학교사	과학교사	○○○교육청에서 실시하는 '찾아가는 과학 체험교실' 활동을 다녀온 후 과학에 대한 자신의 흥미를 확인하고 자신이 알고 있는 것에 대해 가르치는 즐거움을 깨달아 과학교사에 대한 꿈을 갖게 됨.
2				
3				

6. 창의적 체험활동상황

학년	창 의 적 체 험 활 동 상 황		
	영역	시간	특기사항
1	자율활동	28	학급 반장(2015.03.02.-2016.02.29.)으로서 책임감과 봉사정신을 가지고 급우들의 의견을 존중하여 학급 문제를 해결하며 학급 전체의 인화를 위해 노력함. 학교폭력 예방에 많은 관심을 가지고 있으며, 교내 학교폭력예방 다짐결의대회 (2015.04.05.)에서 학교폭력 예방방안에 대해 학급대표로 발표함. 흡연예방교육(2015.06.14.) 동영상을 시청한 후 교내에서 실시한 흡연예방 캠페인에 직접 참여하여 학생들에게 적극 홍보함. 학교 축제(2015.11.10.)에서 사물놀이 공연에 참가하여 공동체 의식을 함양하고 자신의 재능과 끼를 보여줌.
	동아리활동	170	(영어회화반)(34시간) 영어에 소질이 있고 영어표현에 자신감을 보이며, 특히 말하기 부분에 탁월한 능력을 보임. ○○도교육청에서 실시한 국제수업교류 프로그램에 참가하였으며, 국제 사회의 빈곤 문제에 관심을 가지게 됨.

		(로봇반 : 자율동아리) 로봇공학 관련 기본 개념 및 활용 분야에 전문적인 지식을 많이 갖고 있으며 동아리 활동에 매우 적극적임. 국립중앙과학관 신기한 로봇세상 체험전(2015.05.07.), 대학탐방 및 로봇 비전 & 인지 연구센터 방문(2015.06.04.) 활동을 주도하면서 학생들의 참여를 독려함. 동아리 학생들에게 신망이 두터우며, 계획 설정 때 다양한 의견을 수렴하고 긍정적으로 추진함. (○○단 : 청소년단체) ○○단의 일원으로서 주말, 방학기간을 활용하여 정기적으로 ○○활동에 적극적으로 참가함. 동아리 학생들에게 신망이 두터우며 ○○활동에 다양한 의견을 제안하고 공동 작업에도 열심히 참여함. (발야구반 : 학교스포츠클럽) (34시간) 팀의 분위기 메이커이자 에이스로, 팀에서는 없어서는 안 될 학생으로 자리매김함. 항상 웃는 얼굴로 팀의 화합을 이끌어 냈으며, 강한 킥력으로 팀의 승리에 일조함. (축구발리킥클럽 : 방과후학교스포츠클럽) (102시간) 클럽의 주장으로, 공격과 수비를 동시에 잘하는 미드필더이자 멀티플레이어로 활약하여 ○○도교육청 주최 학교스포츠클럽대회에 학교대표로 출전하였으며, 방과후 학교스포츠클럽 활동에 적극적으로 참여함.
봉사활동		월 1회 정기적으로 부모님과 아동양육시설인 ○○원에 방문하여 청소 등 봉사 활동을 수행함. 한국스카우트연맹이 주관하는 제4회 국제 제트봇 잼버리에 참가하여 행사보조 및 통역활동을 수행함(2015.08.01.~2015.08.06./31시간). 수련활동 기간(2015.04.06.~2015.04.08.) 중 생태체험활동을 하며 자연의 소중함을 깨닫고, 쓰레기 줍기 등 자연 보호 활동을 함.
진로활동	34	다양한 직업을 체험하는 진로 체험 축제(2015.10.21.)에서 과학자들이 자연 현상을 탐구하고 연구하는 활동에 관심을 보임. 학부모 지원 직장 탐방 프로그램에서 ○○연구소를 방문하여(2015.10.29.) 각종 실험과 검증 과정에 관심을 가지고 질문을 함.

학년	봉 사 활 동 실 적				
	일자 또는 기간	장소 또는 주관기관명	활동내용	시간	누계시간
1	2015.03.07.	(학교)○○학교	봉사활동 소양교육	2	2
	2015.03.15. ~ 2015.03.16.	(개인)○○양로원	노인목욕 및 청소	6	8
	2015.04.08.	(학교)○○학교	학교주변 환경정화	2	10
	2015.08.12. ~ 2015.08.14.	(개인)꽃동네	청소, 빨래 및 일손돕기	18	28
	2015.08.29.	(학교)○○학교	학교주변 환경정화	2	30
	2015.09.10.	(개인)○○사회복지관	장애체험행사 보조	4	34
	2015.09.12.	(학교)○○학교	교통안전 캠페인	2	36
	2015.09.14. ~ 2015.10.20.	(학교)○○학교	도서실 도서정리	8	44
	2015.10.24.	(학교)○○학교	학교주변 환경정화	2	46
	2015.11.01. ~ 2015.11.30.	(학교)○○학교	과학실험 후 정리 도우미	6	52
	2015.11.05. ~ 2016.01.31.	(개인)○○원	장애아동 돌보기 및 대청소	40	92
	2016.02.15.	(개인)국립청소년수련원	녹색성장 그린 캠페인 활동	3	95
2					
3					

7. 교과학습발달상황

[1학년]

교과	과목	1학기		2학기		비고
		성취도 (수강자수)	원점수/과목평균 (표준편차)	성취도 (수강자수)	원점수/과목평균 (표준편차)	
국어 ...	국어 ...	A(406) ...	95/78.6(12.6) ...			

과목	세부능력 및 특기사항
국어	논제에 대해 타당한 근거를 바탕으로 주장을 세울 줄 알며, 토의·토론의 절차를 잘 이해하여 다른 사람의 의견을 경청하며 적극적으로 참여하고 해결방안 탐색 시 효과적인 말하기 전략으로 상대를 설득할 줄 아는 등 논리적으로 토론하는 수업에 두각을 보여 교내 토론대회에 패널로 참여함. 또한 읽기 목적에 따라 적절한 읽기 전략을 수립하여 글의 내용을 이해하고 글의 내용을 재구성하여 요약하는 읽기 능력과 글을 쓰는 목적에 맞게 정보를 수집하고 재구성하여 사회적 쟁점에 대한 자신의 의견을 분명히 하여 글을 쓰는 능력이 뛰어나 수행평가에서 우수한 성적을 받음. 방과후학교 논술 초급반(20시간), 논술 중급반(30시간)을 수강함.

〈체육·예술(음악/미술)〉

교과	과목	1학기	2학기	비고
		성취도	성취도	
체육	체육	A		
예술(음악/미술)	음악	A		

과목	특기사항
체육 : 비만의 원인과 문제점을 알아보는 수행평가에서 단순히 섭취 에너지와 소비하는 에너지의 양을 비교하는 것이 아니라 개인의 유전적, 환경적 요인의 상관관계를 그래프로 나타내어 개인별 비만의 다양한 원인을 분석하고 그에 따른 실천방법을 논리적으로 설명함. 몸의 동작에 대한 이해가 빠르고 유연성에 대한 감각이 좋아 자신의 장점을 잘 살리는 능력이 있음. 음악 : 노래와 악기연주에서 음정과 박자, 리듬감이 정확하고 자세가 바르며 호흡이 길고 감정의 표현력이 풍부하여 음악성이 뛰어남. 한 도막 형식과 두 도막 가요형식의 마침법과 종지법을 이해하여 차례가기와 뛰어가기의 가락을 가사에 알맞게 창작할 수 있는 능력이 우수함.	

〈교양교과〉

교과	과목	1학기		2학기		비고
		이수시간	이수여부	이수시간	이수여부	
선택	환경	34	P			
선택	자유학기·인문사회			17	P	
선택	자유학기·교양			17	P	

8. 독서활동상황

학년	과목 또는 영역	독서 활동 상황
1	국어	(1학기) 평소 책읽기를 좋아하여 독서량이 풍부함. '아홉 살 인생(위기철)', '자전거 도둑(박완서)', '불균형(우오즈미 나오코)'처럼 교과서에 실린 소설들을 찾아 읽고 청소년 소설을 쓰는 작가의 꿈을 갖게 됨.
	사회	(2학기) '아 그렇구나 우리 역사 1. 원시시대(송호정)', '살아 있는 역사 문화재 2(이광표)', '오! 우리 역사가 시작되다(김성훈)', '10대와 통하는 한국사(고성국)'를 읽고 우리 문화재의 소중함을 인식하고 문화재 수리 기술자에 관심을 보이게 됨.
2		
3		

9. 행동특성 및 종합의견

학년	행동특성 및 종합의견
1	밝고 명랑한 성격의 학생으로 자신이 하고자 하는 일에 대해 비교적 뚜렷한 생각을 가지고 있음. 친구들의 영향을 많이 받고 친구들과 모여서 공부하기를 좋아하는 학습 성향을 가지고 있어 이를 긍정적으로 승화시킬 필요가 있음. 적극적으로 자신의 학습 환경을 통제하고 수립한 학습계획을 지속적으로 실천하는 자세를 키우고 있어 더 큰 발전이 기대되는 학생임. (배려) 특수반 친구를 도와주고 스스럼없이 친구로 지내면서 학습활동을 도와주었으며, 학급 친구들의 고민을 해결해 주는 등 또래 상담자로 주 2회 활동함. (관계지향성) 친화력이 높고 사람들과 어울려 일하기를 좋아하는 등 사회적 대인 관계 능력이 또래보다 뛰어난 학생임. (예체능) 음악에 대한 관심과 조예가 깊고 특히 기타를 잘 다루어 학교 그룹사운드반의 일원으로 학교축제와 졸업식 축하공연에서 노래와 기타연주를 통해 실력을 맘껏 발휘하여 학생들에게 좋은 반응을 얻음.
2	
3	

학생부 출처: 교육부 2015 학교생활기록부 기재 요령

학생부 관리능력 코칭 2

'5. 진로희망사항'을 통해 꿈 찾기

학생부 전체를 이해했다면 이제 항목별로 주요사항을 알아보자. 학생부 항목별 주요 사항과 기재 방법은 고등학교 파트(5~7장)에서 자세히 다룰 예정이다. 그러므로 여기서는 중학교 학생부 기록에서 가장 중요한 5. 진로희망사항 / 6. 창의적 체험활동상황 / 8. 독서활동상황 / 9. 행동특성 및 종합의견을 중심으로 살펴보고자 한다. 대입에서와 마찬가지로 중학생들이 고등학교에 진학할 때 학생부는 입시에서 가장 중요한 서류가 된다. 특히 우리나라 교육의 흐름에서 '진로'가 강조되면서 진로에 대한 열정을 지닌 학생을 선별하고자 하기 때문에 자녀의 학생부에서 가장 먼저 코칭해야 하는 항목 중 하나가 '5. 진로희망사항'이다. 자녀의 학생부는 '꿈을 향한 열정'이라는 기본 축을 가지고 쓰여야 하기 때문이다.

5. 진로희망사항

학 년	특기 및 흥미 ①	진 로 희 망 ②		희망사유 ③
		학생	학부모	

'5. 진로희망사항'은 학생이 기록하는 부분이라는 것을 잊어서는 안 된다. 그런데 자녀가 5번 문항을 어떻게 기록하고 있는지 모르는 부모님들도 많다. 1학년 때 자유학기제를 통해 학생들은 자신의 진로와 관련된 다양한 수업을 했다. 그것을 토대로 2학년 진로희망사항을 구체적으로 진정성 있게 기록하는 것을 배워야 한다. 진로교육이 강조되고 있는데 학생부에 '진로희망사항'이 제대로 기록되어 있지 않다면 그 학생은 좋은 평가를 받을 수 없을 것이다.

필자는 학생들의 학생부를 볼 기회가 많은데 놀랍게도 희망사유란이 비어 있는 경우가 허다하고, 특기 및 흥미 항목에 컴퓨터게임, 핸드폰게임이라고 적어 놓은 학생들도 적지 않다. 공무원, 회사원, 대통령과 같이 구체성이 떨어지는 내용을 써넣은 경우도 많다. '5. 진로희망사항'은 자녀가 가장 창의적으로 자신을 표현할 수 있는 학생부의 한 부분임을 알고 특기와 적성, 희망사유 등을 자세히 기록할 수 있게 해야 한다.

[코칭 포인트] 학생부 5번 진로희망사항 작성 시 유의사항

■ 진로희망사항 작성 예시

5. 진로희망사항

학년	특기 또는 흥미	진로 희망		희망사유
		학 생	학부모	
1	과학도서읽기	과학교사	과학교사	○○○교육청에서 실시하는 '찾아가는 과학 체험교실' 활동을 다녀온 후 과학에 대한 자신의 흥미를 확인하고 자신이 알고 있는 것에 대해 가르치는 즐거움을 깨달아 과학 교사에 대한 꿈을 갖게 됨.
2				
3				

■ 진로희망사항을 작성할 때 유의할 점
• '특기 또는 흥미'를 적을 때 구체적 용어나 구체적 행동과 관련된 용어를 써야 한다. (예: 컴퓨터 조립○ 컴퓨터× 야구○ 운동×)

• '진로희망'은 구체적인 직업 명칭을 적어내야 한다.
　(예: 컴퓨터프로그래머○ 컴퓨터× 회사원× 현재 진로희망 없음○)

• '희망사유' 칸은 자신이 관심 있는 진로 분야를 진지하게 탐색하게 한 후 작성하게 해야 한다.
　(예: 어릴 적부터 자동차에 관심이 많았으며, 앞으로 자동차 산업 중 무인자동차산업의 관련 전망이 밝아 무인자동차의 안전을 돕는 정비사나 통제시스템 전문가 되기를 희망함.)

'6. 창체활동'을 통해
꿈을 위한 열정 시작하기

6. 창의적 체험활동상황

학년	창의적 체험활동상황❶		
	영역	시간❷	특기사항❸
1	자율활동		
	동아리활동		
	봉사활동		
	진로활동		

학년	봉 사 활 동 실 적			
	일자 또는 기간	장소 또는 주관기관명	활동내용	시간 누계시간
1				

창의적 체험활동은 크게 네 영역으로 나뉜다. 자율활동, 동아리활동, 봉사활동, 진로활동이다. 대부분 학생부는 1년간의 학교생활을 기록한다. 중학교 1학년 자녀가 학교생활을 어떻게 했는지 완성된 학생부를 보려면 2월 중순이 넘어야 한다. 선생님들이 2월까지 학생부 기록을 완료하기 때문이다. 중2로 올라가기 전 겨울방학, 즉 예비 중2 겨울방학 때 부모님들은 반드시 자녀의 학생부를 보며 1학년 동안의 학교생활에 대한 데이터를 점검해야 한다. 자녀가 자유학기제를 어떻게 보냈는지를 확인해야 한다는 것이다. 그리고 중요한 것은 기록상의 오류나 누락이

있을 경우, 학생부가 마무리되는 2월 이전에 담임선생님에게 얘기해서 수정해야 한다. 선생님들은 2월까지 학생부를 수정할 수 있다.

　요즘 학교에서는 학생부 기록의 중요성을 인식하고 있어 학생들에게 활동 보고서를 제출하게 하는 경우가 많다. 그것을 토대로 선생님들이 학생부에 쓸 자료를 얻는다. 보고서를 제출하지 않을 경우, 프로그램에 참여했더라도 자녀의 활동이 구체적으로 학생부에 기록되지 않을 수 있다는 것을 명심하자. 학생들은 학교의 많은 프로그램에 참여하지만, 곧 잊어버린다. 시간이 지나면 생각조차 나지 않는다. 그것을 방지하기 위해서 학교에서는 활동 보고서를 작성하라고 한다.

　학생부 기록을 앞두고 학생부에 누락된 사항이나 기록할 것들을 정리해서 내라는 학교들도 있다. 이때 활동은 다 했더라도 생각나는 게 없으면 적어낼 게 없다. 그래서 필자는 '활동일기' 쓰기를 추천한다. 학교에서 한 활동이 있을 때 그것에 대한 경험과 배운 점, 느낀 점을 일기 형태로 기록해 두면 학생부에 쓸 내용이 없는 사태는 막을 수 있다. 중학교 때 '활동일기' 쓰기가 습관화된다면 고등학교에 올라가서 남다른 학생부를 만들 수 있는 능력을 갖춘 학생이 될 것이다.

[코칭 포인트] 활동 후 기록은 필수

창의적 체험활동상황에서 중요한 것은 사실의 나열이 아니다. 활동 가운데 '역할'이 드러나야 하며 그 역할을 통한 '배움'과 '성장'이 기록돼야 한다. 이런 기록을 위해서는 학교활동 후 반드시 본인의 역할과 느낀 점을 기록해 두는 습관을 지녀야 하고, 이를 선생님과 소통하고 있어야 한다. 중학교 때 자기주도적 학생부 관리능력을 배우고 익히는 것은 고등학교에서 학생부를 통한 명문대 합격을 위해서도 꼭 필요하다는 것을 명심하라.

(○○외고 합격 ◇◇중학교 창의적 체험활동상황 기록 예시)

학년	창의적 체험활동상황		
	영역	시간	특기사항
3	자율활동	35	교내 과학의 날 행사(00년 00월 0일) 미래탐구 글짓기 부문에 참가하여 기본 과학지식을 바탕으로 창의력을 발휘해 자신의 기량을 마음껏 뽐냄. 또한 급우들에게 기존의 것에 대한 작은 발상의 전환이 커다란 변화를 가져올 수 있음을 인식시킴.
	동아리활동	48	(00)(00시간) 학생 주도하에 진행되는 동아리부장으로서 동아리부원 모집, 동아리 홍보활동, 면접 진행, 활동 내용을 기획했고, 부원들과 봉사활동을 함께함으로써 공동체 의식함양에 크게 기여함. 또한 영어토론 진행자로서 토론에 소극적인 부원들을 위해 멘토멘티 방식을 통해 적극적으로 참여할 수 있도록 유도했고, 토론하는 과정에서 부원들이 성장하는 모습을 지켜봄으로써 큰 성취감을 경험함.
	봉사활동		
	진로활동	9	우리의 꿈을 구체화하는 방법에 대한 진로 멘토 강의를 들으며 진정한 행복한 삶이란 내가 가진 것을 나누며 사는 삶이라고 생각했고, (00교사)의 꿈을 이루어 아이들에게 지식뿐만 아니라 사랑을 나누며 교육하겠다는 포부를 갖게 됨.

[코칭 포인트] '창체활동 일기' 쓰는 습관

보고서 형식의 일기 쓰는 습관을 몸에 익힌다면 고등학교에 가서는 학교활동 기록에 대한 탁월성을 드러낼 것이다. 학교에서 많은 경험을 하지만 학생들은 그것을 자기 것으로 남기지 못하고 있다는 현실을 인식하고 반드시 기록물을 남기게 하자.

■ (   ) 창체활동 보고서 일기

창체 활동	자율	동아리	봉사	진로
활동 일시				
활동 내용				
활동 목적				
활동에서 나의 역할				
활동에서 가장 인상 깊었던 것				
활동을 통해 달라진 점	〈전체의 변화〉			
	〈나의 변화〉			
활동을 통해 배운 점				

'7. 교과학습발달상황'은 수업태도로 달라진다

7. 교과학습발달상황

[중학교]

❶ 교 과	과 목	1 학 기		2 학 기		비고
		성취도 (수강자수)	원점수/과목평균 (표준편차)	성취도 (수강자수)	원점수/과목평균 (표준편차)	

❷ 과목	세부능력및특기사항

<체육·예술(음악/미술)>

❸ 교 과	과 목	1 학 기	2 학 기	비고
		성취도	성취도	

❹ 과목	특기사항

<교양교과>

❺ 교 과	과 목	1 학 기		2 학 기		비고
		이수시간	이수여부	이수시간	이수여부	

학생부에서 자녀가 학교에서 어느 정도로 공부하고 있는지를 확인할 수 있는 정량화된 지표를 보여 주는 문항이 '7. 교과학습발달상황'이다. 여기서 주목해야 할 것은 교과학습발달상황에 적힌 숫자도 중요하지만 과목별 세부능력 및 특기사항 항목이다. 이 부분에서 자녀의 학업의 탁월성이 드러난다. 세부능력 및 특기사항은 과목별 선생님께서 기록하는

항목으로 수업시간 자녀의 학습발달 정도를 볼 수 있다. 학원 공부에 시달려 학교에서 잠만 자고 있다면, 늘 멍한 모습으로 수업에 임하고 있다면, 과목 선생님께 질문해 본 적이 없다면, 각 과목 선생님은 자녀의 세부능력 및 특기사항을 어떻게 기록할 수 있겠는가?

자녀들이 학교 수업시간에 집중할 수 있도록 코칭해야 한다. 학과목 수업에 적극적으로 임하며 주도적인 학습태도를 보여야 한다. 특히 질문을 통해 수업시간 학습참여의 적극성을 보여줄 수 있다. 또한 과목별로 주어지는 수행평가를 성실히 해내는 모습도 중요하다. 시험공부에만 매달리는 게 아니라 다른 학생들과 협력하여 문제를 해결하는 모습이나 과목별 수행평가를 창의적이고 탁월하게 해내는 능력을 보여주어야 한다. 중학교 때 이런 학습태도가 갖춰져야 고등학교에서도 수업시간을 최대한 활용하는 학생이 될 수 있을 것이다.

[코칭 포인트] 수행평가 능력을 키워라

'교과학습발달상황'은 자녀의 내신성적을 한눈에 볼 수 있는 항목이다. 내신은 시험, 수행점수, 학습태도 등 여러 항목이 결합하여 나오는 산출물이다. 수행평가능력은 내신에서 무시할 수 없는 부분이다. 중1 때 자유학기제에서는 시험을 보지 않지만 교사는 학생에 대해 서술식으로 세부능력 및 특기사항에 기록한다. 자유학기제 기간에 시험은 없지만 여전히 학생들은 모든 수업에서 평가받고 있다는 것을 인식해야 한다. 시험이 아닌 과정에 대해 자녀들이 좋은 평가를 받도록 노력하게 해야 한다. 토론하고 발표하고, 적극적으로 참여하는 수업태도를 중1 자유학기제를 통해 익히게 하면 중2 때는 〈시험성적＋수행점수〉에서 더욱 좋은 평가를 받을 수 있을 것이다.

■ 중학교 세부능력 및 특기사항 기록 예시

[중학교 일반과목]
(1학기) 국어 – 독자의 인식 수준이나 관심에 따라 작품 감상의 내용이 달라짐을 이해하고 있으며, 문학작품을 읽은 후 서로의 감상을 비교하고 토론하는 활동에서 자신의 감상과 해석 및 관점에 따른 평가 내용을 논리정연하게 발표함. 꾸준한 독서 태도를 지니고 있으며 지속적으로 독서감상문을 다양한 방법으로 풍부하고 섬세하게 기록하며, 특히 자신의 생활체험을 진솔하게 글로 표현하는 능력이 뛰어남.

[중학교 자유학기 선택프로그램 교양교과]
자유학기·인문 사회 – (사고력 쑥쑥 논리수업) 사고력 향상 퍼즐로 푸는 기본 논리, 딜레마 퀴즈 수업에서 기본적인 논리개념과 논리전개 방식을 학습함. 사실판단과 가치판단에 대한 정의와 적용 수업에서 각종 판단의 내용을 분석하고 분류하는 활동에 적극적으로 참여하였음. 직접, 연역, 귀납, 유비의 기본 개념을 이해하고 이를 바탕으로 유제풀이를 우수하게 수행함.

[중학교 자유학기·교양]
자유학기·교양 – (목공예) 목공예에 대한 기본 지식과 흥미가 많고 언제나 성실한 태도로 실습에 임하면서 열심히 참여함. 도면을 잘 이해하고 마름질을 우수하게 수행함. 목재의 특성을 이해하여 다듬기 및 조립에 흥미를 가지고 수행하고 칠하기 등에 있어서 정확하게 실행함. 실습 시 매우 침착하고 안전하게 수행함.

교육부 학교생활 기록 예시 참조

'8. 독서활동'이
꿈을 뒷받침해준다

8. 독서활동상황

학 년	과목 또는 영역 ❶	독서활동 상황 ❷
1		

선생님들은 학생들에게 언제까지 독서 기록을 독서시스템에 올리라고 한다. 그러나 사춘기의 특징상 집중력이 떨어져 있거나 학교생활에 흥미가 떨어져 있는 학생 중에는 학교의 이런 전달사항을 숙지하지 않는 경우가 많다. 그렇다 보니 독서 기록을 소홀히 한다. 학생부의 다른 항목들은 선생님이 작성하므로 공란이 있을 수는 없다. 그런데 독서 기록은 학생이 제출하지 않으면 텅 비어 있게 된다. 3학년이 되어서야 1학년 아들의 독서활동사항에 아무것도 기재가 안 된 것을 보고 기겁하는 엄마들을 자주 본다. 독서활동란의 중요성을 인식하고 있어야 한다.

[코칭 포인트] 중학교 독서항목 채우는 생활 포인트

독서활동은 과목별 선생님도 기록할 수 있고 담임선생님도 기록하는 항목이다. 우리나라 학생들이 초등학교까지는 책을 잘 읽는다. 그런데 중학교가 되면 독서를 즐기는 학생이 드물다. 자녀에게 독서를 할 수 있는 시간을 갖게하는 것은 매우 중요하다. 평상시 다양한 독서를 즐기는 학생은 학생부에 기록되는 독서의 양이 다르다. 독서는 어느 분야에 편중되기보다 다양한 독서를 즐기는 것이 좋다. 특히 중학교 시절 여러 분야의 책을 읽고, 자신이 관심 있는 직업 분야에 대한 호기심을 책을 통해 채워 가는 모습을 보여 주자.

■ 중학교 독서 항목 채우는 생활 포인트
· 독서교육종합시스템을 직접 활용하여 기재하게 하자.
· 평소에 독서리스트를 작성하자.
· 독서리스트를 작성할 때 내용을 적기보다 책을 읽게 된 동기, 책을 통해 얻게 된 점을 위주로 정리하자.
· 선생님께 적극적으로 자신의 독서리스트를 제출하자. 관련 과목 선생님께 제출했어도 담임선생님께 제출하자.
· 자신의 진로와 관련된 책은 좀 더 심화된 내용으로 접근해 보자.

■ ○○외고 합격 ◇◇중학교 독서활동 기록 예시

학년	과목 또는 영역	독서활동상황
2	인문	〈The Masterful Speeches of the Great Leaders(Barack Obam14)〉를 읽고 지구상에 있는 모든 사람에게 영향을 끼치고 있는 세계 유명 인사들의 삶의 철학과 주옥같은 명언들을 기존의 영어 원서보다 훨씬 생생하고 수준 높은 현지 영어를 통해 접합 수 있었음.

| 3 | 공통 | <ul><li>〈이타주의자가 지배한다〉(슈테판 클라인)를 읽고 이타심이 사회를 바로잡고 나아가 지구 전체의 미래를 안전하게 지켜낼 수 있다는 것을 알게 됨.</li><li>〈체인지메이커 혁명〉(베벌리 슈왈츠)에서 한 명의 사회혁신가가 만드는 시너지효과가 사회 전체에 혁명을 일으키는 것에 감동받고 앞으로 마주치게 될 여러 사회적인 문제들에 불평만 하는 것이 아니라 어떤 노력을 통해 그 문제를 해결할 수 있을지 고민해 보는 자세를 가져야겠다고 생각함.</li><li>〈딥스〉(액슬린)를 읽고 앞으로 아이들의 상처를 치유하고 닫힌 마음의 문을 스스로 열 수 있게 하는 훌륭한 특수교사가 되고 싶다는 생각을 함.</li></ul> |

'9. 행동 특성 및 종합의견'은 담임선생님의 추천서다

9. 행동 특성 및 종합의견

학 년	행동 특성 및 종합의견
1	

행동특성 및 종합의견은 담임선생님이 써 주는 내 자녀에 대한 종합 평가이다. 특목고를 지원할 때 추천서 역할을 하는 부분이기도 하다. 요즘 특목고에서 교사추천서를 받지 않는 학교들이 늘면서 행동 특성 및 종합의견이 추천서 역할을 한다고 보면 된다.

담임선생님의 행동특성 항목에 자녀의 진로가 드러난 기록이 필요하다. 평상시 학교생활 가운데 적극적으로 참여하고 자신의 진로를 탐색하는 것이 중요한 것은 이런 모습들이 담임선생님의 평가로 이어지기 때문이다.

학생부 관리능력 코칭 7

학교생활기록부를 최고의 플래닝 활동지로 활용하라

학생부의 사항들을 가지고 항목별 활동 플래닝을 짜 보는 것은 1년 활동을 계획하는 데 매우 유용하다. 특히 학년이 올라가는 신학기에는 자녀와 학생부 플래닝 시간을 가지며 코칭해 준다면 남다른 학생부를 만들어 갈 수 있을 것이다.

[코칭 포인트] 학생부를 활용한 플래닝 전략

학생부 사항을 하나하나 채워 가며 하고 싶은 활동들을 계획하고 교과에서의 내신등급 목표도 정해 본다. 항목별로 대화하다 보면 자녀가 어느 부분의 기록을 힘들어하는지, 계획성이 있는지 없는지를 체크할 수 있다. 특기나 흥미, 진로희망이나 희망사유를 적기 힘들어할 경우에는 더 많은 대화가 필요하다. 이 때 부모의 코칭력이 발휘되어야 한다.

진로희망 사유	
진로희망(희망직업)	

특기 또는 흥미	
자율활동	
동아리활동	
봉사활동	
진로활동	
교과학습발달(교과내신)	
세부능력 및 특기사항	
독서활동	
행동발달 종합의견	

R=VD(Realization=Vivid Dream의 약자로 생생하게 꿈꾸면 바라는 것이 이루어진다는 뜻) 기법을 학생부에 활용하자. 자녀에게 본인이 원하는 학생부를 기록해 보게 하라. 그리고 그것을 잘 보이는 곳에 붙여 보자. 원하는 것을 이루어내는 능력을 우리 아이들이 목격하게 하자. '학교생활의 최강자'로 키워야 명문대에 합격한다는 것을 명심하자!

공부가 잘하고 싶어진
영철이 이야기

영철이를 처음 만난 건 영철이가 중1 때였다. 그때 영철이는 친구를 때려서 징계를 받느냐 안 받느냐의 갈림길에 있었다. 다행히도 피해자 어머니는 영철이가 일시적으로 분노를 조절 못 했다는 걸 이해해 주셨고, 징계를 원하지 않으셨다. 그 당시 영철이는 몹시도 산만한 친구였다. 친구와 계속 장난을 치고, 선생님 말씀에 귀 기울이지 못했다. 그런 영철이가 중2 때 연락을 해 왔다. 나를 보자마자 영철이가 한 말은 "선생님, 저 공부 좀 시켜 주세요"였다. 사춘기의 절정을 벗어난 영철이는 폭력적이던 자신의 모습이 후회된다고 했다.

사실 영철이는 초등학교 4학년 때까지는 동네에서 소문난 영재였다. 그런데 5학년 때부터 친구들과 어울려 노는 게 더 좋았고, 세상이 문제투성이로 보이기 시작했다고 한다. 만일 자신이 학교폭력으로 징계를 받아서 강제 전학이라도 가게 됐다면 자신은 더 망가졌을지도 모른다고 했다. 자신을 용서해 준 피해자 어머니께 무척 감사했단다. 그때부터 영철이는 얌전히 학교에 다니기 시작했고 학교에 다니면서 서서히 공부를 잘해 보고 싶다는 생각이

들었다고 한다.

그런데 문제는 초등학교 5학년 때부터 공부를 안 했더니 무엇을 어떻게 공부해야 할지 잘 모르겠단다. 그래서 도와달라는 것이다. 영철이가 이 말을 했을 때 필자는 드디어 영철이의 진짜 실력이 나올 거라는 확신이 들었다. 그 때부터 영철이와 일주일에 한 번씩 만나 학교에서 배운 내용을 정리하는 숙제를 내주고 확인만 했다. 그것만 했을 뿐인데 영철이의 내신성적은 몰라보게 달라졌다. 전 과목에서 90점 이상을 받았다. 수학 공부는 힘들어해서 영철이 어머니와의 상담을 통해 수학은 1:1 수업으로 개념설명을 들을 수 있는 학원의 도움을 받기로 했다.

어느 날 영철이에게 "무엇을 위해 공부하고 싶어졌니?"라고 물었다. 그러자 영철이가 놀라운 대답을 했다. 자신처럼 사춘기 시절 힘들어하는 아이들을 돕는 청소년지도사가 되고 싶단다. 그래서 대학을 가야겠다고 결심했단다. 이왕이면 좋은 대학에 가고 싶어졌고, 절박한 마음에 필자를 찾았다는 것이다. 영철이는 일반고를 선택했고, 지금도 목표한 바를 이루기 위해 열심히 공부하고 있다.

사춘기를 혹독하게 치르는 학생들 중에 '놀라운 변화'를 보이는 학생들을 자주 본다. 그 학생들의 특징은 그들 뒤에서 그들을 수용하고 용서하고 믿어준 그 누군가가 있었다는 것이다.

UNIVERSITY

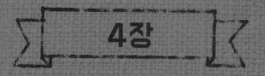

4장

- 중3 학교생활 코칭 -

특목고냐, 일반고냐!?
성공 고입 전략

성공적인 고입 전략 1

고교 유형 파악 후
가고 싶은 학교 로드맵 만들기

중학교 1학년 때 자유학기제를 보내고, 중학교 2학년 때 사춘기의 격동을 겪고 나면 중학교 3학년이 된다. 중학교 3학년은 '고등학교 입학'이라는 중요한 선택을 해야 하는 기간이다. 수능이나 수시만큼 '고입 선택'은 앞으로의 인생에 큰 영향을 미칠 수 있다. 고등학교 입학은 성공적인 대입 혹은 성공적인 취업을 위한 첫 번째 트랙이라 할 수 있다. 한번 이런 상상을 해 보자. 100m 달리기 육상선수가 목표 지점으로 가는 트랙에서 벗어난 채 열심히 뛰는 모습을 말이다. 이 얼마나 안타까운가.

중3 학생들에게 가장 중요한 코칭은 자신이 원하는 목표 지점을 알고, 그 지점에 도착하기 위한 트랙을 인식하고, 그 트랙에서 뛸 준비를 하는 것이다. 모든 학생이 '대학'을 목표로 하지는 않는다. 어떤 학생들은 '취업'을 목적으로 한다. '진학'이나 '취업'이냐에 따라 고교 선택은 달라져야 한다. 요즘처럼 대학을 졸업하고도 취업이 힘든 상황에서 '대학 진학'이 아닌 '취업'을 위한 진학 쪽으로 자신의 진로를 선택하는 학생들이 많아지고 있다.

고교 트랙	목표점
과학영재고	대학
과학고	대학
외고국제고	대학
자율형사립고/자율형공립고	대학
산업수요맞춤형고	취업
특성화고	취업
예고/체고	대학

대학 입학이냐 취업이냐? 이 두 가지 큰 트랙에서 자신의 방향을 정했다면 고입 성공을 위해서는 어떤 유형의 고등학교들이 있는지 파악할 필요가 있다. 고교 유형은 크게 일반고, 특목고, 특성화고, 자율고, 기타학교 다섯 가지로 구분할 수 있다. 이 학교들은 모집 시기에 따라 전기와 후기로 구분된다. 자녀들 스스로 자신이 가고 싶은 학교를 목표로 정하게 하는 것은 매우 중요하다. 전국에 어떤 유형의 학교가 있는지 전체 고교 유형을 파악하며 자녀의 시야를 넓혀 주어야 한다. 생각보다 학생들은 자신이 사는 곳 주변의 몇몇 학교들에 대한 정보만을 갖고 있는 경우가 많다. 다음 표들을 참조하면서 고등학교 유형과 모집 시기별 학교 유형과 전형에 따른 학교들에 대한 사전지식을 넓혀주어야 한다.

첫 번째, 고등학교는 일반고, 특목고, 특성화고, 자율고, 기타학교로 분류된다.

고교 유형				
일반고	특목고	특성화고	자율고	기타
해당 지역 고교	외고 국제고 과고 예술 · 체육고 마이스터고	특성(직업) 특성(대안)	자율형사립고 자율형공립고	영재학교

두 번째, 고등학교는 모집 시기별로 전기와 후기로 구분된다.

전기	후기
과학영재학교	자율고
과학고	자율형공립고
외고/국제고	일반고
자율형사립고(자사고)	
산업수요맞춤형고(마이스터고)	
특성화고	
예고/체고	
대안학교	

세 번째, 고교 유형별 학교에는 외고, 국제고, 과학고, 영재고, 자사고 등이 있다.

전국 단위 자사고	
하나고	상산고
현대청운고	김천고
용인외고	포항제철고
민족사관고	광양제철고
북일고	인천 하늘고

전국 외국어고등학교			
대원외고	동두천외고	부일외고	청주외고
대일외고	안양외고	대구외고	전남외고
명덕외고	과천외고	인천외고	전북외고
서울외고	고양외고	미추홀외고	경북외고
이화여자외고	김포외고	대전외고	경남외고
한영외고	경기외고	울산외고	김해외고
부산외고	강원외고	수원외고	제주외고
부산국제외고	충남외고	성남외고	

전국 국제고등학교	
서울국제고	부산국제고
고양국제고	청심국제고
세종국제고	동탄국제고
인천국제고	

전국 영재학교	
한국과학영재학교	대전과학고등학교
서울과학고등학교	광주과학고등학교
경기과학고등학교	세종시과학예술영재학교
대구과학고등학교	인천시과학예술영재학교(2016개교예정)

전국 과학고등학교			
경기북과고	제주과고	대구일과고	전남과고
울산과고	창원과고	부산과고	전북과고
대전동신과고	경남과고	부산일과고	충남과고
인천진산과고	경산과고	한성과고	충북과고
인천과고	경북과고	세종과고	강원과고

전국 마이스터고	
미림여자정보고등학교(뉴미디어콘텐츠)	대덕소프트웨어마이스터고등학교(소프트웨어)
서울도시과학기술고등학교(해외건설, 플랜트)	대구일마이스터고등학교(자동차)
서울로봇고등학교(로봇)	수원하이텍고등학교(메카트로닉스)
수도전기공업고등학교(에너지)	충북반도체고등학교(반도체장비)
부산해사고등학교(해양)	현대공업고등학교(조선해양플랜트) 외 다수

자료출처: 교육부

[코칭 포인트] 목표지향적 진학 로드맵 짜기

그냥 외고, 그냥 과학고, 그냥 일반고를 선택하는 것이 아니라 자녀가 '꿈'에 기초한 로드맵을 그리게 해야 한다. 이런 목표지향적 로드맵 작성하기는 학교 선택뿐만 아니라 자기소개서 쓰기와 면접 능력에서도 매우 중요하다.

■ 진학 로드맵 작성 시 활용해 볼 수 있는 단계적 목표 설정법

❶ 나의 꿈

❷ 그 꿈을 실현시키고 싶은 직업

❸ 2번의 직업을 갖기 위해 필요한 기술/지식/ 능력

❹ 3번의 기술/지식/능력을 습득할 수 있는 전공학과

❺ 4번의 전공하고 싶은 학과가 있는 대학교

❻ 5번의 목표 대학교 입학을 위한 고등학교

학교별 입시 전형을 꼼꼼히 파악하라

중3 학생들이 고등학교에 입학하기 위해서 치르는 전형을 '자기주도 학습전형'이라고 부른다. 자기주도학습전형에 대한 바른 개념을 이해하고 있어야 입시에 유리하다. 자기주도학습은 학생이 주도적으로 학습목표를 설정, 계획, 학습 후 스스로 결과를 평가하는 과정을 통해 창의력과 해결력을 향상시키는 학습이다. 자기주도학습전형은 학생의 자기주도학습 결과와 인성을 중심으로 고등학교 입학전형위원회에서 창의적이고 잠재력 있는 학생을 선발하는 입학전형인 것이다. 자기주도학습전형이라는 틀 안에서 학교별 입시요강을 이해해야 한다. 특정 학교별 입시유형을 살펴보도록 하겠다.

1. 과학고는 3단계 전형을 실시한다.

1단계	2단계	3단계
서류평가/방문면담	면접평가	최종선발

- 1단계 서류평가에 필요한 제출서류는 자소서, 학생부, 추천서이다. 내신 반영은 수학과 과학 내신이 반영되는데 성취평가제도입으로 A-B-C-D-E등급에 따라 반영한다. 내신 반영을 하는 학기는 학교별로 다르므로 입시요강을 살펴봐야 한다.
입학담당관이 학교에 방문하여 담임교사와 수학/과학교사 그리고 지원자와 면담하여 서류 내용을 확인한다.
- 2단계 면접평가는 소집면접을 실시한다. 소집면접 시 개별면접과 수학과학 분야의 소양 및 창의성, 논리성과 가능성 등을 평가한다. 학교별로 2단계에서 3학년 2학기 성적을 반영하기도 하니 확인해야 한다.
- 3단계는 최종선발단계로 1. 2단계를 종합적으로 평가하여 학생을 선발한다.

2. 영재고는 3단계 전형을 실시한다.

영재고는 영재성을 입증하기 위한 자료와 검사가 실시된다는 것이 다른 전형과의 큰 차이점이다.

1단계	2단계	3단계
서류평가 학생기록물평가	영재성검사	영재성캠프

- 1단계에서 서류평가와 학생기록물평가가 실시된다. 서류는 자소서, 학생부(일부학교 영재성입증자료), 추천서 2부를 제출해야 한다.
- 2단계는 영재성검사가 이루어지고, 지필고사가 시행된다.
- 3단계 영재성캠프가 실시된다. 캠프는 영재성 다면평가를 위한 면접형식의 캠프인데 학교별로 진행된다.

3. 외고/국제고 2단계 전형을 실시한다.

1단계	2단계
영어내신성적(160 만점)+출결(감점)	1단계(160점)+면접(40점)

- 1단계에서 정원의 1.5~2배 수를 선발한다. 1단계 성적은 중2성취평가제성적(절대

평가 5등급)+ 중3 석차(상대평가 9등급제) 합산하여 선발하고 2단계에서는 1단계 점수와 면접점수를 합산하여 선발한다.
- 2단계 면접은 자기주도학습영역(꿈과 끼 영역)과 인성영역을 평가한다. 2단계 면접은 서류평가가 활용된다. 서류는 학생부, 자소서, 추천서(학교별)가 필요하다.

4. 자율형 자사고는 2단계 전형을 실시한다. (서울 외 방식)

1단계	2단계
내신성적+출결 정원의 1.5~2배수 선발	1단계 성적+면접으로 최종 선발

- 1단계는 내신성적과 출결로 선발한다. 성적은 성취평가제를 반영한다. 2단계 면접은 서류평가를 활용한다. 서류는 학생부, 자소서, 추천서가 필요하다.
- 서울 외 방식 자율형자사고는 전국단위 모집 학교들과 권역별단위 모집으로 구분된다.

5. 산업수요맞춤형고(마이스터고)는 일반전형과 특별전형으로 나뉜다.

일반전형	특별전형(취업희망학생)
교과/출석/봉사/적성/면접 (학교별 요강 참조)	1단계: 서류전형: 취업희망서, 자소서, 내신성적, 출결상황, 봉사활동, 담임교 사추천서 2단계: 면접(학교별 요강 참조)

- 마이스터고가 특목고로 분류되면서 학교별 입시전형이 다양하게 진행되고 있다. 학교별 입시 요강을 잘 참조해야 한다.

6. 특성화고 입학전형은 진로적성(취업희망자) 특별전형과 일반전형으로 나뉜다.
- 진로적성(취업희망자) 특별전형은 마이스터고 전형 기간과 발표일이 같다. 학교별 입시전형이 다양하게 진행되고 있기 때문에 학교별 입시요강을 잘 참조해야 한다.
- 특성화고 진로적성(취업희망자) 특별전형은 일반전형에 앞서 실시하여 취업 의지가 높은 학생들의 특성화고 입학 기회를 확대하였다.

성공적인 고입 전략 3

합격하는
학교생활기록부를 준비하라

고입 자기주도학습 전형 평가에 필요한 서류는 학생부와 자소서이다. 학생부와 자소서는 면접평가 과정에서 자료로 활용되는 만큼 그 중요성이 매우 크다. 그렇다면 어떤 학생부와 어떤 자소서가 합격할 가능성이 클까? 그 답은 바로 학생의 자기주도학습능력과 인성 및 잠재력에 대한 종합적인 기록이 잘 되어 있는 서류이다.

[코칭 포인트] 주의! 학교 유형에 따른 학생부 출력

대입은 학생부 전체를 제출한다. 그러나 고입은 고등학교 유형에 따라 학생부에서 출력되는 항목들이 다름에 주의하자. 출력에서 제외되는 항목들이 있다. 서류에 포함되는 항목과 포함되지 않는 항목을 알고 있어야 학생부를 전략적으로 준비할 수 있다.

2016년도 대입에서 자사고는 놀랄 만한 성과를 이루어냈다. 이는 자사고가 학생을 선발할 때 모든 교과의 교과학습발달상황을 반영하는 것이 주요한 요인으로 보인다. 그만큼 중학교 때 자기주도학습이 전 과목 골고루 갖춰진 학생들이 자사고에 입학하고 이것이 고등학교생활까지 이어져 대입에서도 성공적인 결과를 얻고 있다는 것이다. 영어만을 반영하는 외고는 대학입시에서 자사

고에 자리를 내어 주고 있다. 그러므로 자녀의 특성과 학생부 기록사항을 면밀히 살펴 고교 진학 학교를 선정해야 한다.

2016학년도 교육부 자기주도학습전형매뉴얼 참고

■ 자사고에 제출되는 중학교 학생부 출력 양식

• 학교생활세부사항기록부(학교생활기록부Ⅱ)에서 4번 수상경력은 출력 시 제외.

• 7번 교과학습발달상황은 원점수, 과목평균(표준편차)을 제외하고 성취도(수강자 수)만 출력, 교과학습발달 세부능력 및 특기사항 중 영재기록사항 제외하고 출력. (입학설명회 등을 통해 원서 접수 이전에 학생부 제공 금지)

• 학생부 양식에서 1번 인적사항, 2번 학적사항, 3번 출결상황, 5번 진로희망사항, 6번 창의적 체험활동상황, 7번 교과학습발달상황, 8번 독서활동상황, 9번 행동특성 및 종합의견을 1학년부터 3학년까지 출력하여 제출.

• 자사고 학생부 서류는 교과학습발달상황이 출력된다는 점이 외고 · 국제고와 다름.

■ 외고 · 국제고에 제출되는 중학교 학생부 출력 양식

• 학교생활세부사항기록부(학교생활기록부Ⅱ)에서 4번 수상경력과 7번 교과학습발달상황은 출력 시 제외되기 때문에 외고 · 국제고 학생부 서류는 비교과 중심의 기록일 수밖에 없다는 것을 명심하자.

합격하는
자기소개서 준비

고입 자소서는 자녀의 자기주도학업역량을 스토리로 엮어 보여 주는 과정이자 학생 자신을 표현해내는 방법이다. 자소서는 정해진 양식에 맞춰 작성해야 하는데 꼭 기억해야 할 주의사항이 있다. 주의사항을 잘 숙지하고 작성해야 빵점 자소서를 피할 수 있다.

먼저 외고, 국제고, 자사고의 자소서 양식을 살펴보자.

자기소개서 〈나의 꿈과 끼, 인성〉
※영역 구분 없이 1,500자 이내로 작성

- 자기주도학습 영역: 자기주도학습 과정, 지원동기 및 진로계획
- 인성 영역: 봉사, 체험 활동을 통해 배우고 느낀 점

○ 본인이 스스로 학습계획을 세우고 학습해 온 과정과 그 과정에서 느꼈던 점, 학교 특성과 연계해 지원 학교에 관심을 갖게 된 동기, 고등학교 입학 후 자기주도적으로 본인의 꿈과 끼를 살리기 위한 활동 계획, 고등학교 졸업 후 진로 계획에 관하여 구체적으로 기술하십시오.

○ 본인의 인성(배려, 나눔, 협력, 타인존중, 규칙준수 등)을 나타낼 수 있는 개인적 경험 및 이를 통해 배우고 느낀 점을 구체적으로 기술하십시오.

과학고 자기소개서는 외고와 다르다.

■ 자기주도학습 영역(꿈과 끼)과 인성 영역을 통합하여 3,000자 범위 내에서 작성
◆ 주요 내용

○ (지원동기 및 진로계획) 학교 특성과 연계해 지원 학교에 관심을 갖게 된 동기, 꿈과 끼를 살리기 위한 활동 계획과 진로 계획

○ (자기주도학습 과정) 학습을 위해 주도적으로 수행한 목표 설정, 계획, 학습과정 그리고 그 결과 평가까지의 전 과정(자유학기제 기간에 꿈과 끼를 살리기 위한 활동 및 경험)

○ (탐구, 체험) 과학적(과학, 수학) 탐구활동 결과와 활동에 따른 성장, 변화

○ (독서활동) 수학·과학, 진로, 교양 관련 독서 결과 및 활동에 따른 성장, 변화

○ (봉사활동 및 핵심인성요소 관련 활동) 지역사회를 위한 봉사활동 경험의 내용과 느낀 점 및 배려, 나눔, 협력, 타인존중, 갈등관리, 관계지향성, 규칙준수 등과 관련된 활동 및 이를 통해 느꼈던 점

외고와 자사고, 과학고 자소서 양식에서 중요한 것은 주의사항을 잘 숙지하고 작성해야 빵점 자소서를 피한다는 것이다.

◆ 자기소개서 감점 처리 기준

○ 영점 처리: 각종 인증시험 점수, 경시대회 입상 실적 기재 시, 우회적 간접적인 진

술인 경우

○ 10% 이상 감점 처리: 부모의 사회·경제적 지위 암시 내용 등 (과학고의 경우 자소서에 수학 등 교과와 관련된 각종 인증시험(점수), 올림피아드, KMO 등 경시대회 등 사교육을 유발할 수 있는 실적 기재 시 해당 영역 최하등급 처리 / 부모(친인척 포함)의 사회·경제적 지위 내용 등 기재 시 학교별 기준을 마련하여 최저등급자의 등급을 기준으로 평가 등급을 한 단계 이상 강등 처리)

◆ 자기소개서 작성 시 배제 사항

○ 각종 어학인증시험 점수, 한국어(국어), 한자 등 능력시험 점수

○ 교내 외 각종 경시대회 입상 실적, 영재교육원 교육 및 수료 여부 등

○ 부모(친인척 포함)의 구체적인 직장명, 직위, 소득 수준, 고비용 취미활동(골프, 승마 등), 학교에서 주관하지 않은 모둠 및 프로젝트 활동(사설학원 및 기관에서 추진하는 교과 관련 활동 등)

[코칭 포인트] 고입 자기소개서 쓰는 원리

자소서 쓰기는 시간이 필요한 작업이다. 특목고를 목표로 공부한다면 3학년으로 올라가는 겨울방학에 자소서 쓰는 연습을 시작하면 좋다. 자소서에서 중요한 것은 꿈을 토대로 일관성 있게 작성하는 것이다. 그렇기 때문에 중1 때부터의 꾸준한 진로탐색이 중요하다. '의사가 되고 싶은 계기 – 의사가 되기 위한 준비 – 의사가 되고 이루고 싶은 모습' 등 꿈에 대한 로드맵을 구체적으로 적는 연습을 해야 한다.

이것을 바탕으로 1번 문항에서 자기주도학습과정을 연습해야 한다. 자기주도학습과정은 학습과정의 자기주도력과 지적호기심, 지적탐구, 성장점 등을 고려하여 작성해 보게 해야 한다.

2번 문항을 작성하기 위해서는 자녀가 가고자 하는 고교를 정해 놓고, 그 학교에 대해 사전조사를 하게 해야 한다. 그 학교의 설립목적, 교육특징, 활동사항 등을 체크하면서 자녀의 꿈과 학교 선택의 연관성을 찾아 표현해 주면 지원동기가 구체적으로 표현될 수 있다. 진로계획을 잘 적어 내려가기 위해서는 앞서 말한 꿈에 대한 로드맵을 활용해서 적으면 효과적이다.

3번 문항은 학교생활 중 비교과활동에서의 구체적 사례를 중심으로 기술하면 효과적이다. 막연한 인성이 아니라 학교생활 가운데 구체적으로 드러난 인성을 표현하는 것이 효과적이다.

성공적인 고입 전략 5

눈에 띄는
자기소개서를 준비하자

자소서 쓰기에서 가장 중요한 것이 무엇이냐고 묻는다면, 필자는 '정확한 답변'이라 말하고 싶다. '자기주도학습과정을 서술하시오'라는 질문에는 그에 해당하는 답변을 해야 한다. 그런데 생각보다 많은 학생이 질문의 요지를 파악하지 못하거나 엉뚱한 답을 늘어놓는 경우가 많다.

두 번째, 자소서는 구체적 사건을 진정성 있게 간결한 문장으로 써야 한다. 학생들이 써 온 자소서를 읽다 보면 쓸데없는 수식어와 화려한 미사어구들, 그리고 불필요한 삽입구들이 많다. 이런 서술은 절대 좋은 인상을 주지 않는다. 실제 자신이 경험한 구체적 이야기를 진실한 어투로 간결한 문장으로 쓴 자소서는 평가자들에게 가독성을 높이고 진정성을 보여 줄 수 있다.

자소서 쓰기에서 중요한 포인트는 두괄식 서술이다. 두괄식은 가장 핵심적인 내용을 먼저 말하는 서술 방법이다. 평가자들이 읽자마자 '나는 이런 사람입니다'를 보여 줄 수 있는 서술이 훨씬 좋다. 구구절절 설명할 필요가 없다.

학생들의 자소서를 보면 비슷한 스토리가 너무 많다는 사실에 놀란다. 동아리활동을 통해 느낀 점들도 비슷하다. 그만큼 식상하다는 느낌을 주는 글들이 많다는 것이다. 그렇다고 남다른 경험을 하라는 얘기가 아니다. 경험을 통한 나만의 느낌과 배운 점을 살려서 표현할 줄 알아야 한다.

성공적인 고입 전략 6
고입 면접의 중요성

특목고 입시에서 갈수록 자소서보다는 학생부의 비중이 커지고 있다. 주관적 자료보다 객관적 자료를 살피겠다는 의도가 커 보인다. 면접은 학교마다 다르기 때문에 면접을 성공적으로 준비하기 위해서는 자녀가 지원한 학교의 면접 특성을 충분히 고려해야 한다. 그것이 면접 합격의 첫걸음이라 생각한다. 중3 학생들의 경우, 대입을 치르는 고3에 비해 아직 어리기 때문에 자녀의 심리적 태도를 잘 살펴보고 준비해야 한다.

[코칭 포인트] 면접에서 주의할 점

■ 질문 의도를 잘 파악하라

인생에서 어쩌면 첫 면접을 치르는 중3 학생들은 면접장의 분위기에 영향을 많이 받는다. 너무 긴장한 나머지 질문자가 하는 질문의 의도를 잘못 파악하는 경우가 있다. 면접에서 가장 중요한 것은 무엇을 묻고 있는지 정확하게 질문 의도를 판단해서 알맞은 답변을 구술하는 것이다. 무엇보다 면접관들은 사전에 학생부와 자소서를 통해 얻은 사전정보를 바탕으로 질문한다는 것을 기억하고, 학생부와 자소서에 쓴 내용과 연관지어 답변하도록 한다.

■ 의외의 질문에 당황하지 말라

전혀 생각지도 못한 질문을 면접관에게서 받게 되면 눈물을 왈칵 쏟으며 나오는 학생들이 있는데 그럴 필요 없다. 면접관에게 "죄송합니다"라는 말로 잠깐의 시간을 요청할 수 있다. 그리고 재빠르게 생각하라. 자소서에 서술한 내용을 중심으로 생각하고 천천히 답변하자.

■ 면접관이 나의 태도를 읽고 있다는 것을 기억하자

면접관은 답변을 듣는 동시에 면접자의 태도를 살피고 있다. 바른 자세와 자신 있으면서도 예의 있는 말투, 적절한 표정 관리를 유지해야 한다. 특히 질문하는 면접관과 눈 맞춤을 하면서 집중하는 모습을 보여 주고, 면접관의 이야기에 경청하는 태도를 보여야 한다.

성공적인 고입 전략 7

외고 면접 기출문제 엿보기

실제 면접에서는 어떤 질문들이 나왔을까? 다양한 기출문제를 보고 면접을 준비하면 면접관의 다양한 질문들에 당황하지 않고 자기 생각을 차분히 전달할 수 있는 능력을 키울 수 있다.

○ 학생이 스마트폰 앱을 활용한 스터디그룹을 통해 공부했다고 하는데, 구체적으로 설명하고, 한 과목을 예를 들어 설명해 주세요.

○ 생활기록부(생기부)를 보면 《설득의 심리학》이라는 책에 나오는 6가지 법칙을 기술했고, 또 《죽은 시인의 사회》를 읽었다고 했는데 《설득의 심리학》에 나오는 6가지 법칙 중 하나를 골라서 《죽은 시인의 사회》에 나오는 등장인물 중 자살한 친구가 자살 직전의 상황에 놓여 있다면, 학생은 어떻게 할 것인지 설명해 주세요.

○ 외국에서 공부한 경험이 있는데, 영어 외에 무엇을 배웠나요?

○ 사회적 약자의 정의에 관해서 이야기해 보세요.

○ 자신의 수학 오답노트가 기존의 오답노트와 다른점은 무엇인가요?

○ '너 자신을 알라'는 말을 외교관적 관점으로 해석해 보세요. (꿈이 외교관인 학생)

○ 학생자치회 등 다양한 학생회 활동을 했는데, 그중 실패했던 리더십의 경험을 이야기하고 그것을 극복해서 성공으로 이끈 예를 이야기해 보세요.

○ 장래희망이 FTA 전문 국제변호사인데 FTA가 우리나라에서 어떤 방향으로 나아가야 한다고 생각하나요?

○ 참된 의사의 모습은 어떤 모습이며, 본인이 갖춘 참된 의사의 자질과 부족하다고 생각되는 자질을 이야기해 보세요.

○ 인터넷 강의를 많이 활용했다는데 인터넷 강의와 학교 수업과 자습의 차이는 무엇인지 설명해 보세요.

○ 생활기록부에 보면 1, 2학년 때는 독서활동이 없고 3학년 때만 있는데 왜 그런가요?

○ 영어공부에 있어 '단어'가 가장 중요하다고 했는데 단어를 효과적으로 외우는 방법과 이를 통한 자기주도학습의 효과를 말해 보세요.

○ 우리 학교에 지원했는데 우리 학교 프로그램 중 바꾸고 싶은 것이 있다면 무엇인가요?

○ 시험 기간에 지원자가 정리한 필기 노트를 친구가 빌려 달라고 한다면 어떻게 하겠습니까? 그리고 그 이유는 무엇입니까?

○ 웃어른이 어린 세대를 배려하는 이타적인 행동의 사례를 들어 보세요.

성공적인 고입 전략 8

플래닝이
최종합격자를 결정한다

새 학기가 시작되면 1년간의 학교 일정을 파악할 필요가 있다. 먼저 자녀의 학교 일정을 참조해서 주요한 행사를 정리하고, 그것을 가지고 자녀와 함께 계획을 세워 보자. 1년이라는 학교생활의 숲을 먼저 보게 하고, 그 후 월별 플래닝을 하게 한 다음, 자녀가 해야 할 것들과 공부할 것들을 계획하는 숲과 나무를 동시에 보는 플래닝이 필요하다. 이것이 중학교 생활 가운데 습관화된다면 고등학교에 진학해서 교과와 비교과를 충분히 소화해 낼 수 있을 것이다.

3월	임원 선출 / 동아리 선정 / 영재교육 대상자 선발
4월	교육청 영어듣기 평가 / 각종 학교별 대회 / 중간고사
5월	미술대회 / 논술대회 / 양성평등 글짓기대회 / 현장체험학습
6월	통일 글짓기대회 / 각종 경시대회 / 국가 수준 학업 성취평가
7월	각종 경시대회 / 기말고사 / 여름방학
8월	방학 / 개학 / 학급임원 선출
9월	교육청 듣기평가 / 각종 경시대회
10월	기말고사 / 체육대회
11월	각종 대회
12월	기말고사 / 방학식

[코칭 포인트] 월별 자녀 학교생활 돕는 전략

1년간의 학교 일정을 알고 생활하는 학생과 그저 닥치는 활동들에 깜짝깜짝 놀라는 학생의 학교생활에는 매우 큰 차이가 있다. 예를 들어, 3월은 주로 임원 선출, 동아리 선정 같은 비교과에서 중요한 항목들이 배치되어 있다. 임원에 출마할 것인지, 어느 동아리에 들어갈 것인지 등을 스스로 생각하고 선택하게 하는 코칭이 필요하다.

월별 중점사항을 체크하게 하고, 계획을 세워 보자. 중간고사 성적 목표, 기말고사 성적 목표, 참여하고자 하는 활동의 내용, 참가하고 싶은 대회 등을 적어 가며 1년간의 학교생활 계획에 대한 큰 그림을 그릴 수 있도록 코칭하자. 이렇게 하면 아무 생각 없이 한 학기를 보내는 실수를 범하지 않을 수 있다.

학교 선택을 잘해낸
예진이 이야기

어릴 적부터 아빠는 예진이에게 영어원서를 읽어 주셨다고 한다. 자연스럽게 영어독서는 예진이의 취미가 되었다고 한다. 자막 없이 영어만화와 영화를 즐겨 보게 되었고, 이런 경험 때문인지 어학연수 한 번 다녀오지 않았는데 영어로 말하기, 쓰기, 듣기가 자유롭게 되었다고 한다. 초등학교 때는 예체능 과목을 빼고는 수학학원에 다녔다고 한다. 엄마가 직장을 다니셨기 때문에 온종일 예진이를 집에 두는 것이 걱정되어 미술학원과 피아노학원을 보냈다고 한다. 수학학원은 예진이가 원해서 보냈는데 수학공부가 가장 어렵다고 하는 예진이의 의견을 존중해서 내린 결정이었다. 초등학교 때 예진이의 성적은 평범했다.

예진이는 중1 때 가족과 함께 특수학교에 봉사를 가게 된 경험이 계기가 되어 '특수교사'라는 꿈을 갖게 되었다. 장애인들을 가르치기 위해서는 자신이 더 공부를 잘해야겠다는 생각을 했다. 그래서 중학교 때부터 예습과 복습을 실천하기 시작했다. 예진이는 공부하는 게 즐거워졌고 어느새 전교권 등수에 들고 싶어졌단다.

봉사에 관심이 많았던 예진이는 중학교에 입학해서 '봉사동아리'에 참가했다. 1학년이었지만 동아리에서 주도적인 역할을 해냈다. 2학년 때는 좋아하는 영어를 통해 시사적인 문제를 토론하는 영어동아리에 들어갔다. 좋은 대인관계력을 바탕으로 동아리에서 주도적인 역할을 담당했다. 3학년때는 동아리 부장으로 동아리를 이끌었다. 동아리 부원들에게 특수학교 봉사를 제안해서 부원들과 함께 정기적으로 봉사활동을 했다. 학급에서도 반장으로 리더십을 발휘했다. 활발하고 명랑한 성격으로 수업 시간에 교과목 선생님들과의 관계가 좋았다. 예진이는 3학년이 되어 '외고' 진학으로 마음을 결정했다. 본인의 능력 중 어학능력이 다른 능력에 비해 탁월하다고 생각하기 때문이라고 했다. 필자가 예진이를 만난 것은 '외고' 진학을 결심하기 바로 전 시점이었다.

예진이는 고교 선택을 앞두고 갈등하고 있었다. 선생님은 자사고를 권하시고, 부모님은 일반고에 가서 '탑'을 하는 것이 유리하지 않겠냐며 의견을 제시했다. '외고'를 가야 할지 '자사고'를 가야 할지 '일반고'를 가야 할지 예진이는 결정을 내리지 못하고 있었다. 필자와 예진이는 컨설팅을 통해 '외고'로 진학을 정했다. 담임선생님이 전 과목 성적이 우수한 예진이에게 자사고를 권하시는 건 당연했다. 그런데 예진이와의 심층적인 컨설팅 결과, 예진이는 수학에 대한 부담을 많이 갖고 있었다. 물론 중학교 성적은 좋지만 수학공부는 자신에게 힘든 공부라는 것이다. 또 한 가지 예진이에게는 탁월한 활동능력이 있는데 일반고보다 예진이의 활동능력을 우수하게 표현할 수 있는 곳이 외고라고 여겨졌다. 다양한 동아리와 심화된 활동이 좀 더 많고, 예진의 비교과 선택 폭도 넓기 때문이었다. 가장 중요한 것은 예진이가 어릴 적 아빠와의 영어공부에 대한 행복한 기억을 통해 '영어로 하는 학습'을 어떤 수업보다 좋아한다는 것이었다. 부모님도 예진이의 최종 선택을 지지해 주셨다.

그렇게 예진이는 탁월한 자기주도력과 자신의 능력과 흥미를 바탕으로 고등학교를 선택해서 진학했고, 그 선택은 성공적이었다. 자사고에 갔다면 수학 내신에서 다소 힘들어질 수도 있었을 예진이가 외고에서는 수학에서도 전교에서 상위권을 유지하고 있다. 이제 예진이는 학생부종합전형을 통한 서울 명문대 진학을 목표로 열심히 공부하고 있다. 꿈은 달라졌다. 특수교사라는 꿈에서 '사회적 기업을 운영하는 CEO'로 말이다.

UNIVERSITY

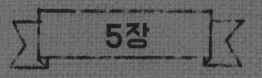

5장

- 고1 학교생활 코칭 -

꿈과 입시가 하나 되는
고등학교 생활

꿈이 없다고
죄책감 갖지 말자

　요즘 학생들은 '꿈'이란 단어를 많이 듣는다. 약삭빠른 어른들이 '꿈'을 공부를 잘하도록 동기 부여하는 '당근'으로 써먹기 때문이다. 그런데 우리 아이들도 눈치가 참 빠르다. 그래서 요즘은 반작용으로 '꿈'이 더 싫단다. 중·고등학교 때(심지어 대학교 때) 꿈이 없다고 하는 것은 당연하다. 그렇다고 스트레스를 받고 죄의식을 가져서는 안 된다. 학교생활 외에는 경험이 거의 없는 학생에게 빨리 꿈을 정하라고, 인생의 목적과 목표를 정하라고 억박지르는데 어떻게 찾을 수 있겠는가? 경험이나 다양하게 할 수 있도록 '판'이나 마련해 주고 억박지르든가 해야지. 나이 서른이 다 되어도 평생 자신이 하고 싶은 일, 이루고자 하는 일을 모르는 어른이 태반이다. 십 대에 꿈을 정한다는 것 자체가 쉽지 않다. 그런데도 왜 도대체 '꿈'을 가지라고 난리일까?

　"요즘 어린 학생들에게 진로탐색을 강요하는데 대학에 와서 진로를 정해도 되지 않을까요?"

　위의 질문은 2016학년도 서울대 면접에서 나온 질문이다. 학생부종합전형만으로 학생을 선발하는 서울대에서 저런 질문을 했다니. 자, 마음의 준비가 되었는가? 어떻게 대답해야 이 관문을 통과할 수 있을까? 이 질문에 합격생은 이렇게 대답했다.

"진로는 어른이 돼서도 바꿀 수 있지만 어렸을 때부터 진로를 탐색하는 것은 자기에 대해 알아가는 과정이기에 중요합니다."

그렇다. 꿈을 정하라는 것이 아니다. 자기를 알아가는 여정 속에 진로를 탐색하는 훈련을 하라는 것이다. 주어진 대로 따라가는 삶을 살라는 것이 아니라 '찾는 능력'을 키우라는 것이다. 내가 진짜로 원하는 것이 무엇인지도 모른 채 어른들의 기대에 맞춰 사는 것이 바로 '짝퉁 꿈'을 가지는 것이다. 먼 미래의 막연한 꿈을 위해 소중한 십 대를 희생하며 살아야 하는 것은 꿈을 잘못 이해한 것이다. 이런 생각을 하는 학생들은 학교 안에 있는 것이 지긋지긋하다. 어른들의 말만 듣고 미래에 하고 싶은 직업과 학과를 정하면 나중에 짝퉁 꿈이 주는 배신감에 상처받는다.(그렇다고 어른들 조언을 무시하라는 것이 아니다. 우선순위가 '주체적인 나의 생각'이라는 것이다.)

그렇다면 대한민국 청소년으로서 학교 안에서 진짜 꿈을 좇는다는 것이 가능하기나 한 것일까? 학교 안에서 꿈을 찾는다는 것은 어떤 것일까? 그것은 직업을 정하는 것이 아니라 자신의 가슴을 뛰게 하는 삶의 중심을 찾는 데 집중하는 것이다. 이 또한 거창한 것이 아니다. 학교생활에서 가능하다. 수업을 들을 때도 억지로 견디는 것이 아니라 이 수업에서 배울 점이 무엇인지 생각해 보고 배워야 할 내용 하나하나에 순수한 호기심을 가지며 오픈마인드를 소유하는 것. 그리고 수학과 영어가 지겹고 어렵더라도 어떤 부분이 나에게 도움이 되는지 나름 궁금해하고 자신이 끌리는 부분을 천천히 탐색해 나가는 것. 동아리활동을 하면서 자신이 어떤 것을 좋아하는지, 어떤 경험이 자신에게 뿌듯한 성취감을 주는지, 마치 나에게 맞는 옷을 찾아가는 것과 같은 학교생활을 하는 것. 이 모든 것이 대한민국 청소년으로서 학교 안에서 꿈을 찾는 길이고 꿈을 좇아가는 과정이다.

선생님, 의사, 변호사 등의 구체적인 직업이 아니어도 좋다. 자신이 좋아하고 잘하는 것들의 공통분모를 찾아가고 그걸 통해 천천히 자신을 탐색해 나가면 결국 고기도 맛본 사람이 잘 먹는다는 속담처럼 꿈을 꿔본 사람이 잘 꾸고 결국은 꿈에 다가가리라고 믿는다. 그러니 중학교 때 꿈을 못 찾은 학생들은 죄책감을 느끼지 말고 고등학교 생활을 기대하고 마음을 열자.

중3 겨울방학부터 시작하는 고등학교 생활

　중3 겨울방학부터 이미 입시는 시작된다. 자유학기제를 통해 중학교 때 희망진로를 결정하고, 고등학교 1학년 1학기 때부터 대학입시 준비가 본격적으로 시작되는데 학부모들과 학생들은 실감을 잘 못 하고 있다. 여전히 고3 수능시험이 입시의 시작이라고 여기는 학부모와 학생이 정말 많다.

　학생부종합전형 서류는 중3 때부터 시작된다고 봐도 된다. 그래서 중학교를 졸업할 때까지는 진로가 결정되어 있어야 유리하다. 학생부종합전형은 비교과활동 내용과 학생이 지원하는 학과와의 연결성 즉 전공적합성을 중요하게 살핀다. 그런데 고3이 되면 1학기 내신과 수능 그리고 수시 원서 접수만으로도 바빠 각종 대회와 여러 비교과활동을 할 시간이 없다. 따라서 고2 겨울방학까지 양질의 스펙(활동)을 잘 채워 놓아야 하는데 그러려면 진로가 이미 확고하게 결정되어 있어야 한다. 구체적인 진로가 정해지지 않은 채 그저 여기저기 상장만 받아 두고 '이 정도 스펙이면 어디든 무난하게 들어가겠지?'라고 생각하면 큰 오산이다.

실제로 2월 말부터 3월 초까지 깨어 있는(?) 고등학교는 '진로&입시 캠프'를 많이 한다. 2월은 필자가 가장 바쁜 시기 중 하나다. 대부분의 고등학교가 입학 전 신입생 진로 입시 캠프를 여는데 이 캠프가 학생부에 기재되도록 입학 후 3월 첫 주에 시작하는 학교도 많다. 이때 학교 선생님보다 우리가 먼저 학생을 파악할 때가 많다. 대부분 고1 학생은 진로가 구체적이지 않고 대학에 들어가는 방법을 모르는 경우가 수두룩하다.

신입생들은 고등학교 1학년 때 자신의 진로와 목표 학과에 맞게 봉사활동과 진로, 독서활동을 차근차근 설계해야 한다. 임원을 할 것인지, 동아리활동을 어떻게 할 것인지, 맞는 동아리가 없다면 자율동아리를 구성해야 하는지 말이다. 고1, 고2, 고3 1학기까지 총 5 학기가 대학종합전형에 반영되는 서류인데, 1학년 서류가 없다면 학생부종합전형은 치명적이다. 고등학교 2학년 2학기 때 학생부종합전형을 준비한다는 학생이 간혹 있는데, 늦은 감이 있다.

물론 학생부종합전형으로도 대학은 어디든지 들어갈 수 있다. 그러나 미리 준비하지 않은 학생은 학생부종합전형으로 갈 수 있는 상위권 대학 선택의 폭이 줄어든다. 중3 겨울방학부터 미리 준비만 한다면 수능시험 전에 우리 아이가 갈 수 있는 대학은 업그레이드될 것이다.

[코칭 포인트] 성공하는 예비 고1 생활

▪ 길고 긴 중3 겨울방학 어떻게 보낼까?

중3 겨울방학은 참 길다. 학부모도 이 기간에 아이가 마냥 노는 것 같아 애가 탄다. 이 긴 겨울방학을 자녀가 순수하게 '지적 재미'에 빠지도록 도와주면 어떨까? 지금껏 당장 눈앞에 보이는 중간고사, 기말고사라는 시험을 위한 단순 암기 공부만 해 봤다면 이제 스트레스가 없으니 학문 본연의 재미에 한번 빠져보자. 영어원서로 된 소설을 읽는다든지 궁금한 사회현상에 대한 책과 잡지를 찾아 읽어 보거나 박경리의 《토지》와 같은 대하소설에 도전해 보자. 미술을 한다든지 악기를 배워 봐도 좋을 것이다. 그 어떤 것을 해도 좋으니 긴 겨울방학을 늦잠과 TV 시청, 게임만으로 다 날려 버리지만 말자.

▪ 깊고 느린 공부를 맛보자

학생부종합전형에서는 학생의 지적호기심에 의한 자기주도학습능력을 살핀다. 이때 대부분의 학부모와 학생은 자기주도학습은 시험을 잘 보기 위한 것이라고만 여기는데 그렇지 않다. 학생부종합전형에서는 학생이 관심 분야와 전공을 위해 깊이 있는 느린 공부를 했는지를 살핀다. 고등학교 공부는 깊이 생각하고 자신만의 지식체계를 만들어 두어야 실력이 된다. 수학문제 하나를 일주일 동안 고민할 줄도 알아야 하고, 과학시간에 배운 개념을 이해하기 위해 직접 실험을 해 보기도 하며, 사회현상과 갈등에 대한 진지한 고민도 해봐야 한다. 때로는 국어 교과서에서 일부만 읽었던 문학작품의 전문을 읽기 위해 온종일 TV가 아닌 책과 씨름해 보기도 해야 한다. 이 과정에 담긴 것이 바로 '성장'이다. 이렇게 예비 고1은 학원이 아닌 느린 공부에 서서히 맛을 들여 성장할 가능성을 준비해야 한다.

고등학교
내신공부 방법

 고등학교의 내신 학습량과 난이도는 중학교 때와는 차원이 다르다. 중학교는 시험 범위가 좁고 일차원적 개념을 묻는 문제가 많아 벼락치기만으로도 시험 대비가 가능하다. 반면에 고등학교는 수학만 해도 1, 2학기에 각각 수Ⅰ, 수Ⅱ를 공부해야 할 만큼 학습량이 어마어마하다. 문제 유형도 개념이해 문제뿐 아니라, 개념을 응용한 사고력을 필요로 하는 문제가 많이 출제되니 철저한 예습과 복습을 통해 깊이 있는 공부가 필요하다. 그래서 무조건 시험 3주 전, 즉 21일 전에는 내신시험 대비 모드로 들어가 깊이 있게 준비해야 한다. 수시를 준비하는 학생들도 이때는 비교과활동은 거의 하지 않는다. 내신시험 3주 전부터는 시험 준비를 하는 것이 가장 지혜롭다.

 영어는 고등학교 입학과 동시에 갑자기 어려워지는 과목 중 하나다. 어휘량도 갑자기 증가하고 구문도 어려워져서 단순 문제풀이로는 성적이 오를 수 없다. 이제 수능영어는 절대평가로 치러진다. 상대적으로 내신이 훨씬 중요해질 수 있다. 그런데 이 내신은 단순 시험만 있는 것이

아니고 수행평가와 함께 이루어지기에 이 둘을 잘 조화시키는 마음의
준비와 시간을 조절하는 능력이 필요하다.

이제 학생부 관리가 아닌 학생부 디자인이다

앞서 중학교 때는 '학생부 관리능력'이 필요하다고 설명한 바 있다. 중학교 때 관리능력이 생겼다면 이제는 '학생부 디자인 능력'이 필요하다. 디자인은 좀 더 능동적이고 적극적인 개념을 포함한다. 고등학생은 이제 단순 관리를 넘어서서 활동을 설계하는 디자인 능력을 갖춰야 한다.

학생의 활동을 선생님이 장부에 기록한 것을 '학생부'라고 한다. 따라서 학생부의 근본은 실제 '학교생활'이다. 학생이 학교생활을 어떻게 하느냐에 따라 학생부 기록이 달라질 수 있고 그 기록에 따라 대학입시에서 유리할 수도 불리할 수도 있다. 그런데 이 학생부는 충분히 학생의 적극성에 따라 달라진다. 학생이 미리 능동적으로 학교 활동의 '강약'을 고려하여 계획을 세운다면 매력 넘치는 '학생부'가 나온다.

그런데 필자가 학교에서 입시 강의를 하다 보면 놀랄 때가 한두 번이 아니다. 소 잃고 외양간 고치는 것처럼 고3 수시 원서를 쓸 때가 되어서야 자신의 학생부를 보고 좌절하는 학생이 정말 많기 때문이다. 학생부는 학생부종합전형의 최고 무기다. 학생부가 잘 되어 있는 학생은 고3 때 갈 수 있는 대학의 폭이 훨씬 넓다. 학생부가 어떻게 구성되었는지, 각 항목을 잘 알고 입학사정관은 각 항목에서 어떻게 학생을 평가하는지 1학년 때부터 미리 알고 있는 학생과 그렇지 않은 학생의 학교생활은 천지 차이다. 일찍이 학생부에 대해 잘 알고 있었던 학생은 입시에 맞는 스펙을 갖추는 데 유리하기 때문이다. 그렇다면 학생부 디자인은 어떻게 하는 것인지 원리를 알기 전에 학생부 구성을 살펴보자. 앞의 중학생 학생부와 매우 비슷한데 고등학교 학생부는 '5번 자격증 및 인증취득상황'이 추가되었다.

학생부 구성은 크게 '교과' 영역과 '비교과' 영역으로 볼 수 있다.

[학생부 구성]

교과 영역	비교과 영역
8. 교과학습발달상황 (교과 내신성적) + 세부 능력 및 특기사항	1. 인적사항
	2. 학적사항
	3. 출결상황
	4. 수상경력
	5. 자격증 및 인증취득상황
	6. 진로희망사항
	7. 창의적 체험활동상황
	9. 독서활동상황
	10. 행동특성 및 종합의견

1. 인적사항

학 생	성명 : 한○○ 성별 : 남 주민등록번호 : 991212-1234567
	주소 : ○○도 ○○시 ○○구 ○○로 ○○1길 54, 104동 803호 (○○동, ○○아파트)
가족 부	성명 : 한□□ 생년월일 : 1963년 03월 02일
상황 모	성명 : 강○○ 생년월일 : 1964년 04월 05일
특기사항	

2. 학적사항

학 생	성명 : 한○○ 성별 : 남 주민등록번호 : 991212-1234567
	주소 : ○○도 ○○시 ○○구 ○○로 ○○1길 54, 104동 803호 (○○동, ○○아파트)
가족 부	성명 : 한□□ 생년월일 : 1963년 03월 02일
상황 모	성명 : 강○○ 생년월일 : 1964년 04월 05일
특기사항	

1번과 2번은 학생의 인적사항과 학적사항이 기록된다.

3. 출결상황

학년	수업일수	결석일수			지각			조퇴			결과			특기사항
		질병	무단	기타	질병	무단	기타	질병	무단	기타	질병	무단	기타	
1	190			3										부모간병(3일)
2														
3														

입학사정관은 학생 신분에 맞는 기본적인 성실함과 자기관리 능력을 3번 출결상황에서 살펴본다. 보통 3일 이상 무단결석이 기록되면 감점이다. 출결상황을 통해 학업에 대한 의지를 파악하기도 한다. 큰 질병으로 몸이 아픈 시골 학생이 있었다. 그 학생은 대도시에 있는 대형병원으

로 가서 자주 치료를 받아야만 했는데 학교 다니는 학생으로서 치료를 위해 이동하는 시간은 큰 부담이었다. 그런데 그 학생은 병원을 오가는 이동시간을 활용해 자신만의 방식으로 공부했고 자소서에도 이 부분을 잘 언급해 멋진 역경 스토리로 엮어냈다.

4. 수상경력

구분	수 상 명	등급(위)	수상연월일	수여기관	참가대상(참가인원)
교내상	효행상		2015.05.15.	○○학교장	전교생(1602명)
	교과우수상(수학Ⅰ, 사회, 과학)		2015.07.19.	○○학교장	1학년
	컴퓨터기능대회(정보검색부문)	최우수상(1위)	2015.09.20.	○○학교장	전교생 중 참가자(70명)
	독서기록장쓰기대회	장려상(3위)	2015.11.05.	○○학교장	1·2학년(1102명)

교외에서 받은 상은 절대 기록할 수가 없다. 또 수상 기록이 많다고 무조건 좋은 것도 아니다. 학생의 진로와 열정을 잘 보여 주는 대회에 적극적으로 참여하는 것이 좋다. 교과목과 관련된 상은 교과학습 결과와 연계해 평가하기도 한다. 많은 학생이 수상 결과에만 집착하는데 입학사정관은 대상이나 금상 같은 차이에만 주목하지 않는다. 교내 수상은 결과가 아닌 노력의 과정을 파악하려는 것이다. 그러니 정말 학생이 좋아하는 주제의 대회라면 도전해 보자. 준비하는 과정을 자소서에 잘 엮어내면 유리하다.

5. 자격증 및 인증취득상황

구 분	명칭 또는 종류	번호 또는 내용	취득연월일	발급기관
자 격 증	정보기술자격(ITQ)A등급-한글엑셀	A001-2015101-002317	2015.03.13.	한국생산성본부
	워드프로세서	15-I2-031206	2015.05.30.	대한상공회의소
	인터넷정보관리사 2급	IIS-1504-001858	2015.06.18.	한국정보통신진흥협회
	문서실무사 2급	071PT51-20021713	2015.08.04.	한국정보관리협회

학생부에 기재 가능한 자격증은 총 13개 부처가 관리하는 61개 종목이다. 고교 재학 중에 취득한 것만 기록할 수 있는데 특성화고 학생들에게 해당하는 것이 대부분이다. 자격증 획득만을 목적으로 시도하기보다는 진로와 연관된 교내활동을 충실히 하는 것이 더 효율적이다. 자격증을 정말 준비하고 싶다면 1학년 때 자기주도적인 '심화 학습'으로 활용하면 어떨까? 동기부여가 되는 중간 목표로 활용하면 좋다.

[코칭 포인트] 자격증 활동 전략

자격증 활동은 전공과 연결지어서 해야 한다. 남들 다 한다고 아무 자격증이나 따느라 시간과 돈을 낭비하지 말자.
- 상경계열 진학: 경제·경영이해력검증시험 테샛(TESAT)과 매경 TEST
- 인문학, 국문학과, 국어교육학과 진학: 국어능력인증시험과 KBS한국어능력시험 4개

[사례] 경제 전문 분야 검사가 꿈인 서울대 경제학과 진학을 목표로 둔 학생
고2 '경제' 선택과목 → 2학년 2학기 테샛(경제이해력검정시험) 자격증 취득 → 교내 사회탐구경시대회 경제 분야 선택해서 도전

6. 진로희망사항

| 학년 | 특기 또는 흥미 | 진 로 희 망 | | 희망사유 |
		학 생	학부모	
1	글쓰기	방송프로듀서	방송작가	평소 소설을 즐겨 읽고 글쓰기를 좋아함. 재미 있게 읽었던 소설이 방송드라마로 다시 재연되는 것을 보면서 글감을 바탕으로 영상물을 만드는 작업에 매력을 느껴 방송프로듀서에 대한 꿈을 갖게 됨.
2				
3				

사람들은 대부분 특기와 흥미로부터 평생의 꿈과 직업을 찾는다. 그만큼 6번은 간단하게 대충 적어서는 안 된다. 그런데 대부분의 학생이 자신과 전혀 상관없는 진로희망을 대충 적어내거나 특기 또는 흥미가 아니라 '취미'를 적어내기도 한다. 입학사정관은 특기와 흥미도 학생의 관심과 열정을 표현하는 근거라 여겨 중요하게 본다.

'특기 또는 흥미' – '진로희망' – '희망사유'까지 같은 학년 즉, 수평으로는 일관성이 있으면 좋다. 희망사유는 구체적이면서 학생만의 차별성이 나타날수록 좋은데 다양한 외부활동이 특기나 흥미에 기록될 수도 있다. (예: 테드 강연 보기, 의학다큐멘터리 시청, 유명 CEO 스토리 조사, 추리소설 쓰기, 블로그 활동)

1학년은 폭넓게 관심 진로 분야를 선정하고 진로 선택의 동기, 이유 등을 희망사유에 기록한다. 1학년 때 진로를 향한 관심을 꾸준히 가지고 진로활동을 게을리하지 않았다면 2, 3학년 때는 분명히 1학년 때보다 더 구체적으로 좁혀진 진로가 생길 것이다. 즉, 진로탐색도 성장의 모습을 보이면 좋은데 2, 3학년으로 갈수록 진로의 일관성을 유지하면서 더욱 구체화, 차별화되는 모습이 학생부에 반영되면 좋다. (예: 특기 또는 흥미-의학다큐멘터리 시청, 과학잡지 구독 / 1학년 때-화학연구원, 2학년-제약개발연구원)

[코칭 포인트] 학년마다 '진로희망사항'이 바뀌면 불리할까?

자라나는 청소년이기에 꿈이 바뀌는 것은 당연하다. 그것 자체가 불리하지는 않다. 그러나 학년이 올라갈 때마다 꿈이 바뀌어도 학년별, 수평적으로 '특기 또는 흥미'와 '진로' 그리고 '희망사유'가 일관성이 있다면 입시에서는 유리하다. 그다음 중요한 것은 학생의 꿈이 왜 바뀌게 됐는지 그 활동의 근거가 학생부에 잘 나타나야 한다. 다양한 활동을 하다가 진로가 바뀌었다는 근거 활동과 노력이 학생부에 묻어나면 전혀 불리할 것이 없다.

7. 창의적 체험활동상황

[자율활동]

학년	창 의 적 체 험 활 동 상 황		
	영역	시간	특기사항
1	자율활동	26	학교 축제(2015.05.21.)에서 1부 사회를 맡아 축제의 시작을 매끄럽고 유쾌한 진행으로 모든 이들의 흥미를 돋우었으며, 전반적인 행사 준비 과정에서 '축제 준비위원'으로 활동하며 성공적 축제를 위해 노력하였으며 교내합창제(2015.07.18.)에서 알토 파트 장을 맡아 파트원들의 참여를 독려하여 환상적인 하모니를 만들어내는 데 큰 기여를 함.

자율활동은 각 고등학교의 특색에 맞게 구성되어 있다. 교내에서 진행된 행사나 학교에서 승인한 활동 내용이 기록되는 곳으로 다른 활동 영역보다 교사의 서술이 주가 된다. 요즘은 교내에서 다양한 특강 프로그램들이 개최되는데 이 또한 교내에서 주최된 활동이면 상관없다.

교외활동은 학교에서 승인한 것이 아니면 기재할 수가 없다. 학생들은 다른 비교과활동(동아리활동, 봉사활동, 진로활동)과 다르게 자율활동에 무관심하고 수동적이다. 학교에서 매년 하는 행사로만 보기 때문이다. 학생들도 자신의 학생부를 보고 비로소 '아, 내가 그때 이 활동을 했었어?' 하고 의아해하는 부분이 바로 이 자율활동 항목이다. 학교에서 주최하는 이 활동들만 잘 따라가도 많은 도움을 얻는다. 실제로 학교에서 개최한 특강을 통해 꿈이 생겼다는 학생도 많고, 아무 활동도 하지 않은 것처럼 보이는 학생도 자소서에 쓸 수 있는 건질 만한 소재를 찾아내기도 한다.

그런데 학교와 교사에 따라 이 자율활동의 서술이 참 다르다. 예를 들면 체육대회를 하지 않는 학교는 없을 것이다. 그런데 이 체육대회에서 활동한 학생들의 기록은 다 다르다. 자율활동의 양이나 종류가 많을수록 좋다는 소문보다는 서술의 질이 중요하다. 담임교사의 꾸준한 관찰과 세심한 서술로 인해 학생의 1년간 자율활동을 잘 보여 준다면 승산이 있는 부분이 바로 자율활동 항목이다. 담임교사가 학생에 대한 애정을 가지고 바라본 긍정적인 이미지를 어필할 수 있고 활동도 풍부해 보이는 효과를 얻을 수도 있다. 이 학생은 학교생활을 충실하게 했다는 것을 증명하기 때문이다. 의무적으로 하는 재미없고 지루한 학교의 연례행사가 아니라 그 와중에 학생만의 '성장'과 '깨달음'을 잘 보여준다면 이 학생은 그야말로 학교생활 충실자이다.

[코칭 포인트] 자율활동과 학생회 활동 전략

■ **자율활동, 이렇게 해 볼까?**
학교마다 전통과 특색이 있는 자율활동을 적극적으로 활용하자. 체육대회부터 반별 합창대회까지 참여도, 활동의욕, 진보의 정도, 태도 변화 등이 잘 나타나도록 교내행사가 있을 때 능동적으로 참여하고 활동 후 느낌과 깨달음을 간략하게라도 기록하자.
자율활동에서는 학교생활에 충실했고, 교내행사에 적극적으로 참여하고 주도적으로 활동했다는 리더십이 부각될 수 있으면 좋다. 꼭 학생회나 임원활동을 해야 리더십이 나타나는 것은 아니다. 동아리활동, 봉사활동, 조별과제활동에서도 리더십은 언제나 드러낼 수 있다. 리더십은 위치보다는 학생 개인의 변화에 초점을 맞춰 설명하는 것이 좋다.

■ **학생회활동, 이렇게 해 볼까?**
화려한 공약이 아니더라도 학교 내 작은 변화를 만들어내자. 무엇보다 그 과정에서 학생만의 협동과 문제해결력이 표현되면 좋다. 학생회활동을 하면서 본인의 성장까지 분명하면 금상첨화!

[동아리활동]

동아리활동	224	(멀티디미어제작반)(34시간) 영상관련 분야에서 자신의 능력과 역량을 충분히 발휘하며, 특히 UCC제작과 동영상 편집 능력이 탁월함.
		(배드민턴셔틀매니아클럽 : 방과후학교스포츠클럽)(190시간) 클럽의 총무로 대회 주선 및 회원 모집을 도맡아 하고, 민첩성과 순발력이 뛰어나 강력한 스매시를 구사하며, ○○시(도) 대표로 제4회 전국 학교스포츠클럽대회에 참가하였고, 매주 토요일(13:00~16:00) 교내 연습과 타 학교와 경기 등 방과후 학교스포츠클럽 활동에 열심히 참여함.

동아리활동은 담임교사의 재량보다는 학생 자신의 선택과 주도적인 활동력이 성공의 열쇠다. 전공적합성, 학업역량과 인성까지 모든 평가 요소의 '소스'가 들어 있다고 보면 된다. 특히 목표하는 대학과 학과를 위한 기초적인 역량을 쌓으려 노력했다는 점이 부각되면 좋다.

학생 스스로 관심 있는 분야의 동아리에 가입하거나 만약 학교에 자신에게 맞는 동아리가 없다면 자율동아리를 만들어 활동할 수도 있다. 합격자들의 경우를 살펴보면 2~3개의 동아리활동을 통해 자신의 학교생활의 열정과 성실을 드러낸다. 학생부종합전형으로 합격한 학생들의 학생부를 보면, 학습이나 진로 관련 동아리와 함께 인문학이나 예체능 동아리에 함께 가입하여 활동한 경우가 많다. '융합형' 인재가 눈에 띄는 추세이기에 진로와 관련된 동아리에 들지 않았다고 해서 불이익을 받지는 않는다. 동아리 이름이 중요한 것이 아니고 학생이 그 동아리에서 실제로 어떻게 활동했는지가 중요하고 활동하면서 학생의 성장이 드러나면 된다.

[코칭 포인트] 동아리활동 전략

■ 진로 흥미와 관심을 보여 줄 수 있는 2개 동아리 활동에 집중

동아리에 가입한 것만으로는 소용이 없다. 단순 참여가 아닌 자신의 활동과 사건(에피소드)을 확보하도록 적극적으로 활동해야 한다. 동아리활동을 하면서 기존과 다른 새로운 프로그램을 기획해서 운영해 보자. 학생의 자기주도력과 열정을 차별성 있게 보여 줄 수 있을 것이다. 동아리 참여와 활동만이 아니라 그 안에서 토론과 발표, 소논문이나 동아리 소식지(신문 기사 홍보지) 등 결과물이 있으면서 다른 활동과 연결되면 좋다. 무엇보다 동아리 안에서 자신의 역할과 활약이 있다면 평소에 기록해 두자.

■ 원하지 않은 동아리에 억지로 들어간 경우

1인 1동아리를 의무적으로 하는 학교들이 많아 인기 있는 동아리는 경쟁이 치열하다. 그래서 아무 동아리에나 억지로 들어간 학생들이 꽤 많다. 이럴 땐 자포자기 말자. 학업역량이나 전공적합성 평가에는 도움이 되지 않을 수도 있지만 대신 인성을 돋보이게 쓸 수 있다. 자소서 3번 문항의 나눔, 협력, 배려에 맞게 소재를 쓰면 된다. 성장만 분명하다면 스펙으로 활용할 수 있다는 점을 꼭 기억하자.

■ 주의! 자율동아리는 학기 초에 구성되어야 기재 가능

고등학교 입학 전 진로가 구체적으로 설정된 고1 학생이라면 당장 교내 동아리 현황을 파악하자. 만약 자신이 원하는 동아리가 없을 때는 자율동아리를 만들자. 학생부종합전형이 대세가 되었기에 동아리활동이 활성화되었는데 인기 동아리는 오디션도 보고 정말 치열하다. 요즘은 학년 초에 동아리 시간에 활동하는 정규교육과정은 아니지만 학생 자율동아리를 학기 초에 구성할 수 있도록 했다. 학기 중에 만든 자율동아리는 학생부에 입력할 수 없다. 따라서 예비고1 학생은 입학하자마자 신청해야 하는 자율동아리 계획을 미리 세워 둬야 한다. 그런데 현실적으로 고등학교 입학과 동시에 같은 관심사를 가진 학생을 모집하고 지도교사를 섭외하는 것이 신입생으로서는 결코 쉬운 일이 아니다.

[봉사활동]

봉사활동	○○시의 '성 지킴이'로 격주 토요일마다 성곽 주변 쓰레기 줍기, 관람객 안내하기 등의 활동을 하였고, 2015 ○○문화제(2015.10.06.~2015.10.10.)에서는 행사진행 보조요원으로 활동함(2015.03.21.~2015.12.18./56시간). 월 1회 정기적으로 ○○도서관을 방문하여 도서관 홍보전단 발송, 열람실 도서정리, 열람실 청소, 책·걸상 닦기, 도서 대출 및 반납 보조, 어린이 도서 찾아주기 등의 활동을 함(2015.04.01.~2015.11.30./32시간).

학년	봉 사 활 동 실 적				
	일자 또는 기간	장소 또는 주관기관명	활동내용	시간	누계시간
1	2015.03.07.	(학교)○○학교	봉사활동 소양교육	2	2
	2015.03.15.~2015.03.16.	(개인)○○양로원	목욕 및 청소	6	8
	2015.04.05.	(학교)○○학교	교내 환경정화	2	10
	2015.08.12.~2015.09.14.	(개인)꽃동네	청소, 빨래 및 일손 돕기	42	52
	2015.09.13.	(개인)월드비전	기아체험 행사 참가	4	56
	2015.10.01.~2015.12.30.	(개인)○○사회복지관	교통안전 캠페인 참여, 장애아동들 돌보기 및 대청소	60	116
	2016.01.15.	(개인)대한적십자사 ○○○혈액원	헌혈(성분헌혈)	4	120

봉사활동은 많은 시간보다는 꾸준함과 규칙성이 중요하다. 입학사정관은 봉사활동 내역, 활동량, 활동 주기 등으로 학생의 태도와 변화, 공

동체 의식, 리더십을 평가한다. 학생부에서 유일하게 교외활동을 기록할 수 있는 항목이다. 그래서 입시를 위해 전략적으로 잘 활용하면 선택의 폭이 넓고 자유로울 수도 있다. 단, 외부기관이면 봉사활동 인증서를 발급받을 수 있는 기관인지 확인하고, 이 봉사활동이 학생부에 인정이 되는지를 미리 확인해야 한다.

봉사활동실적 내용에만 기록하고 '봉사활동 특기사항 500자'는 대부분 빈칸으로 두는 경우가 많은데 될 수 있으면 채우는 게 좋다. 이 500자는 어디서 무슨 봉사를 했는지가 아니고, 이 학생이 얼마나 봉사 마인드가 있는지를 기록하는 항목이다. 반드시 활동과정과 성장이 기재되도록 담임선생님에게 본인의 활동과정과 내적인 성장변화를 제출하도록 하자.

봉사활동 시간은 하루에 최대 8시간까지만 인정된다. 수업시간이 6교시면 2시간, 4교시면 4시간, 휴일이면 8시간까지 인정된다. 나중에 시간이 초과하지는 않았는지 혹은 활동한 시간보다 적게 기재되지는 않았는지 살펴봐야 한다. 봉사동아리에서 동아리활동의 일환으로 봉사활동을 한 경우에는 봉사활동 실적으로 인정되지 않고 동아리활동으로만 인정된다.

[코칭 포인트] 봉사활동 전략

최소한으로 학교에서 제공하는 봉사활동 시간이 있는데, 이때 무턱대고 참여하지 않도록 하자. 학생의 강점과 자소서 3번 항목인 나눔, 협력, 배려의 소재가 될 수도 있기 때문이다.

	행정안전부	여성가족부	보건복지부	문화체육관광부
관리	한국중앙 자원봉사센터	한국청소년 활동진흥원	한국사회복지 협의회	한국도서관 협회
기능	자원봉사 지원	청소년 자원봉사지원	사회복지 자원봉사지원	도서관 자원봉사지원
시스템 명칭	1365 자원봉사포털 1365.go.kr	청소년 자원봉사시스템 dovol.youth.go.kr	사회복지 자원봉사인증관리 vms.or.kr	도서관 자원봉사관리시스템 webrary.or.kr

사회적 약자를 배려하는 등 좀 더 의미 있는 봉사활동을 해 보는 게 어떨까? 2~3가지를 정해 꾸준히 양로원이나 병원 등에서 활동하며 봉사에 대한 진정성을 증명하면 좋다. 자신의 진로와 연관된 활동은 전공적합성을 증명할 때도 유리하다. 초·중등 학습 멘토링과 돌봄 활동, 영어 번역, 도서관과 박물관 봉사, 헌혈협회나 병원 등 전공과 관련된 재능기부봉사를 미리 정보를 찾아서 한다면 전공적합성과 인성 두 마리 토끼를 잡을 수 있다. 무엇보다 역시 봉사활동의 계기와 봉사활동 후 자신의 삶, 진로, 가치관이 어떻게 변화되었는지를 꼭 기록해야 한다.

■ 국가 봉사활동 인증관리시스템
대한적십자사 www.redcross.or.kr
문화체육자원봉사 csv.culture.go.kr
서울시자원봉사센터 volunteer.seoul.go.kr
부산시자원봉사센터 vt.busan.go.kr
대전시자원봉사센터 nanumi.metro.daejeon.kr
이 외에도 자신이 살고 있는 도시로 검색해 보면 나온다.

[진로활동]

진로활동	34	월 1회 '진로의 날' 행사를 통하여 진로 선택에 대한 안내를 받고 각종 서적이나 참고 문헌, 인터넷 사이트를 통한 직업 탐색 및 적성에 맞는 직업 탐색군 조사 등의 활동을 함. 2학기 진로활동 시간에 아로 플러스 검사를 실시함. 본인의 적성에 적합한 직업 분야(중등학교 교사, 기자, 상담전문가 분야)에 대하여 진로탐색 및 진로계획서를 작성함.

학생이 진로를 탐색하는 과정과 희망직업을 위한 진로계획 그리고 실제 활동한 내용이 모두 기록되는 항목이다. 학교는 학생 개개인의 진로희망에 맞춰 진로활동을 해 줄 수 없는 것이 현실이다. 자기를 성찰하고 이해하는 과정 자체가 고등학교 3년 동안 진로활동을 하는 목적이기도 하다. 다른 영역처럼 양적으로 풍부한 활동을 하기는 어렵지만 오히려 진로설정이 분명하면 대학에 어필할 수 있다. 무엇보다 학교의 프로그램에 고르게 참여하는 것이 좋은데 입학사정관은 진로활동 항목에서 학생의 자기이해 능력과 학과 지원동기 그리고 발전가능성을 파악한다. 학생부 6번 '진로희망사항' 항목과 잘 연결되면 좋다.

[코칭 포인트] 진로활동 전략

학교생활 중 자신의 진로와 관련된 행사가 있다면 더욱 적극적으로 참여하며 자신만의 특징적 기록이 남을 수 있도록 관리해야 한다. 아직 꿈이 없다고 좌절하고 있는 학생들은 절대 좌절 금지! 솔직하게 진로를 찾는 과정과 노력을 보여 주면 그 자체가 '진로탐색활동'이기에 무한한 가능성이 있는 항목이다.

■ **나만의 진로탐색을 위한 활동 방법**

① 진로활동만 독자적으로 하는 것보다는 교과 공부와 자율활동, 동아리와 봉사활동까지 다양한 곳에서 진로 키워드를 찾을 수 있다. 독서, 신문, 영화 등을 통한 관련 분야의 간접경험을 교내활동과 접목하면 좋은데 특히 독서와 함께 연결되면 진로를 선택한 계기와 동기가 더욱 풍성해지고 9번 항목에도 적을 수 있어 일거양득이다.

② 대학, 교육청, 국가기관 등 다양한 공공기관에서 개최한 전공 분야의 캠프와 박람회를 적극적으로 활용한다. 진로와 관련된 주제의 강연과 특강 발표회 세미나 등에 참석한다.

③ 다양한 직업 체험행사 및 해당 분야 종사자와의 만남과 멘토링행사가 개최되는데 이를 통해 적극 조언을 얻는다.

④ 교내에 학부모 재능기부라든지 각 분야 실무 전문가 진로강연이 개최되면 적극적으로 참석한다.

8. 교과학습발달사항

[1학년]

교과	과목	1학기				2학기				비고
		단위수	원점수/과목평균 (표준편차)	성취도 (수강 자수)	석차 등급	단위수	원점수/과목평균 (표준편차)	성취도 (수강 자수)	석차 등급	
···	···	···		···				···		
국어 상업 정보 ···	국어 상업경제 ···	4 3	81/75(7.9) 72/82.1(10.1) ···	B(240) C(240) ···	4 ···	4 3	75/72(7.3) 92/86.3(12.7) ···	C(241) A(241) ···	4 ···	
이수단위 합계										

과목	세부능력 및 특기사항

(1학기) 사회 : 자료를 조직적으로 분석하는 능력이 뛰어나며 이를 통하여 '인권과 관련한 사회적 쟁점 조사하기' 수행평가에서 사형제도 존폐 논쟁에 대한 찬성과 반대의 입장을 고르게 자료 수집을 하였고 다른 나라의 사례들도 구조적으로 정리를 잘함. 또한 자신의 입장을 분명하게 발표하여 친구들의 박수를 받았고, 지역갈등 관련 단원에서 쓰레기 매립장 유치문제를 해결하는 역할놀이에서 지역대책위원장 역할을 맡아 매립장을 유치할 경우 마을에 나타나는 문제점을 잘 지적해내어 지역주민의 입장을 확실하게 대표해 내는 등 평소 시사문제에 관심이 많아 신문을 꼼꼼하게 숙독하여 주요 내용을 스크랩을 해 놓으며 신문사별 사설을 비교하여 정리함으로써 현실 사회의 주요 이슈들에 대한 균형 있는 태도를 가짐.

과목	세부능력 및 특기사항

실용영어 I : 영어 듣기, 말하기 능력이 매우 탁월하며 영어 구문에 대한 이해도가 남다르고, 빠른 속도로 직독, 직해가 가능하며, 어휘 면에 있어서 성취도가 높고, 탁월한 말하기 능력으로 교내 영어스피치 대회의 사회를 맡아서 매끄럽게 진행하였고, 교내에서 실시한 영어말하기 대회에 참가하여, 자신이 직접 작성한 영어 연설 내용을 바른 표현과 정확한 발음으로 청중들에게 잘 전달하여 호응을 이끌어 내고 입상함. 방과 후학교 원어민 영어회화반(40시간)을 수강함.

상업경제 : 생산, 분배, 지출의 경제 순환 및 소득 재분배 과정과 경제주체들의 합리적인 경제적 의사결정이 자유시장 경제에 미치는 영향, 환율 변동이 경제에 미치는 영향, 국제수지 분류 등의 어려운 개념을 정확하게 이해함.

내신성적이 기재되는 곳이다. 입학사정관이 학생의 기본적인 학업역량 파악을 위해서 중요하게 보는 곳이다. 내신시험 기간에 미리 계획을 세워 반복해서 공부하고 수행평가를 잘 준비하는 것이 최고의 전략이다. 또 학생의 건강한 학습태도와 교사와의 상호작용이 잘 이루어지도록 수업시간에 집중하고 적극적으로 활동하여 과목별 세부능력 및 특기사항에 학생의 성실성과 지적호기심이 잘 기록되면 좋다.

[코칭 포인트] 대학은 8번 교과학습발달을 어떻게 평가할까?

1. 고교 3년간 전체 이수과목의 종합 성적
   총체적인 수준은 어느 정도인가?
   학기/학년별 성적의 변화 모습
   꾸준한 성장을 보여 주는가?
   → 성적 하락을 보이는 경우는 그 사유가 무엇인지 학생부와 자소서를 통해
   추적하여 어려운 상황이 있었다면 이를 고려하여 반영한다. 어떤 학생
   은 고등학교 재학 중 희소질병에 걸려 성적이 떨어졌는데 이를 자소서에
   자연스럽게 넣어 오히려 역경을 극복한 스토리로 승화시켰다.

2. 교과 과목을 어떻게 선택하여 이수하였는가?
   어려운 과목, 수강 인원이 적은 과목에 도전하는 경우

3. 성적은 평균 등급만이 아니라 과목별 원점수, 평균, 표준편차 및 이수자 수
   를 고려하여 분석·평가한다.

4. 이수과목과 이수단위의 반영
   계열/전공학과별로 기본학업능력을 판단하는 데 필요한 과목을 적절한 단
   위만큼 이수했는가?
   사회/과학 선택과목은 전공적합성과 학업역량을 보여 줄 수 있는 근거가
   된다. 예를 들어 공대 지원자라면 물리2를 선택해 보는 것도 좋다.

5. 교과 세부능력 및 특기사항
   대학은 숫자로 나타난 점수만으로는 학생의 학업역량에 대하여 정확히 알
   수 없다.
   학생부종합전형은 학습과정을 중요하게 살피기에 학생이 어떻게 이 점수를
   받았는지 그 과정을 '세부 능력 및 특기사항'을 통해 파악한다.
   → 교과 수업에서 어떤 태도와 자세로 수업에 참여하였는가?

> → 성실하게 준비하는가? 적극적인가? 집중력이 있는가?
>
> → 탐구하고 질문하고 이해하는 노력을 보이는가?
>
> → 과제를 최선을 다해 왔는가?
>
> → 방과후학교 프로그램에서 무엇을 학습했는가?
>
> → 심화 학습 부분이나 관심사, 지적인 도전정신 등을 평가한다.

〈체육·예술(음악/미술)〉

교과	과목	1학기		2학기		비고
		단위수	성취도	단위수	성취도	
체육	체육	1	A	1	A	
예술(음악/미술)	음악	2	A	2	A	
예술(음악/미술)	미술	1	B	1	A	
이수단위 합계						

과목	특기사항
	체육 : 농구경기에서 뛰어난 드리블 능력과 함께 경기를 조율하는 능력이 탁월하여 교과 시간의 모둠별 농구 시합에서 가드 역할을 하여 팀에 많은 득점 기회를 제공하는 등의 활약을 보여 학급 학생들에 의해 최우수선수로 뽑힘. 학생건강체력평가(PAPS) 1등급임.
	음악 : 아름다운 멜로디와 경쾌한 리듬을 조화시킨 동요를 작곡하여 실기평가에서 두각을 나타냄. 절대음감이 있고 음악에 대한 조예가 남달라 음악 시간에 작곡과 가창, 악기연주에서 우수한 활동을 함.
	(1학기) 미술 : 조소 재료의 성질을 풍부하게 느끼고 입체적 특성을 살려내는 의식이 강하며, 공간의식이나 발상에 있어 남다른 창의성을 지님.
	(2학기) 미술 : 사물과 인체의 동작 묘사 능력이 우수할 뿐 아니라 애니메이션의 스토리전개 능력이 남다르고 카툰의 기본 흐름을 잘 이해하여 만화가로서의 기본 소양을 충분히 지님.

일반적으로 예체능이라고 무시하지는 않았는지 학생의 성실성을 파악한다. C(미흡)는 받지 않도록 노력해야 한다. 요즘은 '융합형' 인재가 대세이고 인문학적 소양과 자질이 있는지도 살피기에 예체능도 중요하다. 그리고 무엇보다 학생의 정서와 정신건강 차원에서 예체능이 중

요하기에 스트레스받지 말고 셋 중 하나는 학생이 즐기면 좋을 것이다.

예체능 특기사항에서 학생의 감수성, 협동성, 창의성 등이 잘 드러나는 것도 입시에서는 유리하다. 디자인학과, 유아교육과 등 미술과 손재주 능력이 필요한 경우 미술을 잘하면 좋다. 또 경찰학과, 경호학과, 항공승무원학과 등 건강한 체력이 필요한 경우 입학사정관은 체육 특기사항을 살피기도 한다.

9. 독서활동상황

학년	과목 또는 영역	독서 활동 상황
1	국어	(1학기) '교실 밖 국어여행(강혜원, 박영신, 서계현)', '국어 교육을 위한 국어 문법론(이관규)'을 읽고 학교 수업에서 배운 국어 지식을 더욱 확장시킴. 또한 '국어생활백서(김홍석)'를 읽고 자신의 잘못된 국어 지식을 바로 잡음.
	음악	(2학기) '모차르트, 천 번의 입맞춤(모차르트)', '모차르트(미셸 파루티)', '청소년을 위한 서양 음악사(이동활)' 등을 읽고 작곡가의 삶 속에 반영된 음악성과 작품배경을 이해함.
2		
3		

독서는 학생의 관심과 열정을 보여 주는 간접적 수단이 된다. 입학사정관은 전공학과에 대한 기초적 지식 여부를 파악하기도 한다. 서울대를 비롯하여 최상위권 대학에서는 독서활동이 꽤 중요한 평가 요소다. 전공에 대한 열정과 의지 애착을 볼 수 있고 인성이 표현될 수도 있다. 스스로 책을 읽었는지가 중요한데 면접에서도 독서 관련 질문을 많이 한다. (독서로 학업역량을 증명하는 전략은 고2 파트에서 자세히 다루겠다.)

10. 행동특성 및 종합의견

학년	행 동 특 성 및 종 합 의 견
1	유쾌하고 활동적이며 에너지가 넘치는 학생으로 다른 사람과의 대화에서 순발력과 재치가 있으며 평범한 것보다는 독특한 것을 선호함. 관심 있는 분야에 적극적으로 매진하는 집중력과 열정이 있으나 학업에 열의가 부족한 편임. 영리하고 이해력이 뛰어난 학생이기 때문에 조금 더 스스로를 절제하고 세심한 면을 키운다면 학업과 생활태도의 면에서 발전이 있을 것으로 기대함. (협력) 학급 및 학교 행사에서 적극적으로 자신의 의견을 제시하며, 타인의 의견도 존중함으로써 자율적인 학급풍토 조성에 기여하는 학생으로 창의적으로 문제를 해결하려는 모습이 돋보임. (예체능) 배드민턴 동아리활동을 적극적으로 하는 학생으로 점심시간 배드민턴 경기를 주도하여 급우들의 체력 증진에 기여하였으며 교내 동아리 대항전에 출전하여 우수한 성적을 받음.

학생부 출처: 교육부 2015 학교생활기록부 기재 요령

입학사정관이 가장 관심 있게 보는 항목이다. 담임교사야말로 오랫동안 학생을 밀도 있게 파악하고 있다고 믿기 때문이다. 단, 1학년과 2학년 담임교사의 평가만 수시에 반영된다. 교사의 추천서 역할이나 다름없는 곳이기에 담임선생님을 믿고 따르면서 어필하는 것이 좋다. 입학사정관은 인성, 학교생활의 충실함, 학업역량과 전공적합성을 근거로 학생에 대한 종합적인 평가를 10번 항목과 함께 조화롭게 살핀다.

행동특성 및 종합의견에서는 '인성교육진흥법' 제정에 따라 핵심인성 요소에 '배려, 나눔, 협력, 타인존중, 갈등관리, 관계지향성, 규칙준수' 외에 '예절, 효, 정직, 책임, 소통'이 추가되었다. 무엇보다 추상적이고 두루뭉술한 인성평가가 아니라 구체적인 학생의 인성의 활약이 돋보여야 유리하다. 학생은 소통, 효도 등의 활동에 대해서도 평소에 신경을 쓰는 것이 좋다.

개성도 전략!
공무원이라고 다 같은 공무원이 아니다

중학교 때 '진로탐색'을 했다면 고등학교 때는 더 구체적인 '진로디자인'을 해야 한다. 입학사정관은 학생부와 자소서를 볼 때 '진로'를 가장 중요하게 본다. 입학사정관들이 안타까워하는 부분이 있다. 제출한 서류의 진로를 살펴보면 학생의 비전과 가치관, 동기를 보여 주기보다는 대부분 사회에서 어떤 직업이 취직이 잘되고 인기 있는지를 반영하는 수준밖에 안 된다는 것이다. 그러니 열정과 패기가 없고 학생부, 자소서와 학생의 진로가 연결이 안 된다.

전국을 돌아다니면서 진로에 관한 강의를 하다 보면, 간호사의 꿈을 가진 여학생을 많이 본다.(예전에는 여학생만 많았는데 몇 년 사이에 남학생들도 많아졌다.) 그러나 이들 중에 간호사에 대하여 진지하게 생각한 학생은 무척 드물다. 대부분은 부모님이나 주변을 통해 '간호사는 여자가 하기 좋은, 돈 잘 버는 전문직'이라는 말만 듣고 결정한다. 위에서 입학사정관들이 말한 것처럼 학생만의 진정한 동기와 스토리가 없다면 그저 인기 있는 직업에 대하여 쓴 것밖에 되지 않기에 입시에서 경쟁력이 없다.

그런데 그냥 '간호사'가 되고 싶은 아이와 꿈이 있어 그 꿈을 실현하는 도구로서 간호사의 꿈을 가진 아이는 천지 차이다. 겉으로 보기엔 똑같아 보여도 말이다. 그래서 진짜 진로교육은 그냥 직업만 찾는 것이 아니라 한 학생의 비전과 사명까지 찾게 이끌어 줘야 한다. 부모는 안정적이고 인기 많은 직업을 자녀에게 추천하더라도 꼭 자녀에게 구체적으로 미래를 생각할 기회는 주고 추천을 해야 한다.

교사라고 다 같은 교사가 아니고 의사라고 다 같은 의사가 아니듯 같은 직업을 가지고 있다고 하더라도 그 직업을 가지고 자신의 이상을 이루어나가는 모습은 각양각색이다. 의사라는 직업을 가진 다음에 의사로서 어떻게 살지 생각하는 것이 굉장히 중요한데 꿈은 더 구체적으로 말하면 '비전'이라고 말할 수도 있다. 고등학교 1학년 때 이러한 자기 성찰을 하지 않으면 청사진을 만들 수 없다. 학생부종합전형은 진로라는 청사진으로 멋진 건물을 짓는 것과 비슷하기 때문이다.

[코칭 포인트] 꿈을 차별화하고 구체화하는 방법

구체적이고 차별된 꿈을 설정하기 위해서는 학생의 성향과 가치관 등을 먼저 잘 파악해야 한다. 이때 가장 필요한 능력이 '자기성찰능력'이다. 예를 들어 볼까? 빅뱅의 G드래곤이나 유재석이 공무원으로서 마을주민센터에서 일한다면, 개인의 일생을 봐도 비극이고 국가적으로도 큰 손실이다. 이 두 사람은 콘서트장과 방송국이 가장 잘 어울린다. 이처럼 이제는 성공이 아니라 한 번 사는 인생 '행복하게' 경제활동을 하는 진로교육으로 바뀌어야 한다.

1. 진로 구체화·차별화의 예시
    간호사 → 신생아 중환자실 전문 간호사
    법조인 → 노동법 및 인권 전문 변호사
    경찰 → 청소년에게 도움을 주는 청소년 전담 경찰

2. 진로 구체화 · 차별화 후, 학생부 6번 진로희망사항 기록에 적용될 때
    스포츠산업 종사자 → 스포츠 에이전트

스포츠 분야, 특히 축구에 흥미가 많아 전 세계의 다양한 프로리그와 선수 이름, 각 선수의 포지션, 스포츠 매니지먼트, 마케팅 등에 대한 각종 정보를 여러 매체를 통해 수집하고 정리하는 열정이 뛰어남. 스포츠 관련 전문 지식 및 국제적인 스포츠 경영감각을 익힐 수 있는 스포츠 에이전트를 희망함. 향후 개발도상국 어린이들이 범죄와 비행을 잘 이겨내도록 스포츠교육재단을 만드는 것이 인생의 사명임.

특기 /흥미	진로희망		희망사유
	학생	학부모	
축구, 스포츠 주제 블로그 운영	스포츠마케터, 스포츠에이전트, 구단주	스포츠 캐스터	스포츠 분야, 특히 축구에 흥미가 많아 전 세계의 다양한 프로리그와 선수 이름, 각 선수의 포지션, 스포츠 매니지먼트, 마케팅 등에 대한 각종 정보를 여러 매체를 통해 수집하고 정리하는 열정이 뛰어남. 스포츠 관련 전문 지식 및 국제적인 스포츠 경영 감각을 익힐 수 있는 스포츠에이전트를 희망함. 향후 개발도상국 어린이들이 비행과 범죄를 잘 이겨내도록 스포츠교육재단을 만드는 것이 인생의 사명임.

3. 학년이 올라가면서 더욱 구체화·차별화된 경우

학년	특기, 흥미	진로희망		희망사유
		학생	학부모	
1	과학 저서 읽기	생명공학자	생명공학자	생명공학 관련 저서를 즐겨 읽으며 생명과 자연에 대한 신비로움에 대한 학문적 감성적 인지도 매우 높음.
2	과학 잡지 정기구독, 의학다큐멘터리 보기 또래상담하기, 남 이야기 잘 들어주기	생명공학자, 심리상담가	심리학 연구원	친구의 고충을 잘 들어주고 함께 고민하는 것에 흥미와 관심이 있어 심리상담가가 되고 싶어 함. 동시에 생명과학분야에 관심이 많고 질병백신을 연구하고 싶은 마음도 커서 생명 공학자가 되기를 원함.
3	과학잡지 읽기, 의학다큐멘터리 보기 또래상담하기, 남의 이야기 잘 들어주기	생체심리 사회학 다루는 회사 CEO	신약개발원, 심리상담가	인간의 몸과 마음에 관심이 많아 몸과 마음이 약해지고 질병이 있는 사람을 돕고 싶어 함. 생체 심리 의학 관련 융합형 인재.

이 학생은 인간의 몸과 마음에 동시에 관심이 많다. 고등학교 2학년 2학기 때 만나 컨설팅을 진행하면서 3학년 때는 더욱더 이 학생만의 차별화된 독특한 꿈을 만들어갔다. '생체심리 사회학'이라는 융합 학문이 아직은 국내에 드물어 외국 사이트까지 검색하는 열정을 보여 주었다.

학과를 먼저 탐색하라

의대, 교대, 사범대, 간호학과, 유아교육과 등 졸업 후 진로가 비교적 명확한 학과가 있다. 그러나 대부분은 학과와 직업이 바로 연결되지 않아 학생들은 졸업 후 어떤 진로로 나아갈지 막막하다. 졸업 후 진로가 바로 연결되는 학과이든 아니든, 졸업 후 진로(희망직업)를 구체적으로 구상해 보는 것이 좋다. 학생부 관리를 할 때 활동 목록을 구성하기도 편하고 무엇보다 '스토리'가 있는 스펙을 만들어 갈 수 있다. 또 자소서를 작성할 때도 한결 수월하다. 위의 과정을 미리 해 놓으면 자소서 4번 문항과 면접도 자연스럽게 동시에 준비된다.

자소서 1~3번 문항은 공통 양식, 공통 질문이다. 4번 문항만 대학별로 다른데 질문의 뼈대는 '전공 지원동기, 전공분야를 지원하기 위해 고등학교 때 노력한 모습, 대학 입학 후 학업계획이나 졸업 후 향후 진로계획' 등이다. 실제로 학생들이 자소서를 작성할 때 가장 고생하는 문항이 4번이다. 왜냐하면 진로의 구체화·차별화 과정을 거치지 않고 공부만 했기 때문에 학생부와 자소서를 끼워 맞추려니 힘든 것이다.

직업에 맞는 학과를 찾기 어렵다면 워크넷(www.work.go.kr)을 활용해 보자. 워크넷에서 학과정보 검색을 활용하면 개설 대학부터 진출 분야와 취업 현황까지 확인할 수 있다.

꿈꾸는 대로(大路) 대학 가는 로드맵

꿈을 구체화·차별화했다면 이제 그 꿈을 이루기 위한 노력을 구체적으로 세워 보자. 자기주도학습은 좁게는 스스로 어떻게 공부할 것인지를 의미하지만, 넓게는 나의 꿈을 스스로 개척하는 방법과 방향을 탐구하는 것을 뜻한다. 내 꿈에 대한 정보력이 없다면 그 꿈은 자신이 간절히 이루고 싶은 꿈이 아니다. 꿈에 대한 정보가 있다면 정말 그 꿈을 이루고 싶다는 것이고 거기에 꿈을 이루기까지의 자세한 계획까지 있다면 정말 간절한 것이다. 그만큼 꿈에 대한 열정을 보여 줄 수 있고, 자신이 가진 정보력이 꿈에 한 걸음 더 다가서게 해 줄 것이기 때문이다.

자소서를 쓸 때도 진로에 대한 정보가 기본이다. 이루고자 하는 꿈이 있다면 자신과 맞는지, 어떤 학과를 진학하는 것이 좋은지, 그 과에서 어떤 과목을 배우는지 등의 정보를 알고 전략을 세워야 한다. 구체적인 정보력과 실제적인 노력이 없다면 그것은 아직 꿈을 이룰 준비가 덜 된 것이다. 이것이 스펙을 위한 활동 목록의 기초가 되고 학생부를 관리해 나가는 기준이 된다.

[코칭 포인트] 구체적인 진로 로드맵 작성 과정

Q. '빅데이터 분석가'가 되는 데 필요한 자질은 무엇일까?
A. 사회와 사람을 보는 눈, 통계와 컴퓨터 지식, 경제와 경영 마케팅지식, 트렌드 파악 능력, 좋은 인간관계와 리더십, 영어/중국어 실력

Q. '빅데이터 분석가'로서 자질을 갖추기 위해 어떤 전공을 배우면 유리할까?
A. 통계학, 수학, 컴퓨터공학, 경제학, 경영학, 마케팅학

Q. 이 필요한 자질을 얻기 위해 고등학교 때 내가 할 수 있는 노력은?
A. 내신성적 향상: 수학과 사회(경제) 특히 더욱 열심히 한다!
　다양한 비교과활동을 하면서 리더십과 협력을 키운다.
　신문 스크랩과 독서를 통해 사회 트렌드를 보는 눈을 키운다.
　교내 경시대회나 소논문 활동에 참여한다.
　시간상으로 가능하다면, 테샛(경제이해력검정시험) 자격증을 확보한다.

1단계. 비전과 직업
국민이 행복한 국가 정책을 만들도록 돕는 빅데이터 분석가

2단계. 학과 선택	3단계. 학교 선택
통계학	서울대 통계학, 연세대 응용통계학, 고려대 통계학과, 서울시립대 통계학과, 이화여대 통계학 전공
컴퓨터공학	서울대, 성균관대, 이화여대, 중앙대 등
수학과	서울대, 고려대, 연세대, 성균관대, 한양대 등

4단계. 대학으로 가는 방법
수시: 학생부종합전형, 학생부교과전형, 논술전형
정시: 수능

활동 + 성장 = 멋진 스펙

1학년 때는 꿈을 구체화하고 차별화하는 동시에 그에 맞는 스펙을 쌓아 나가야 한다. 학생부종합전형에서 '스펙'은 학생이 공부하는 과목과 그 성적 이외의 다양한 활동을 가리킨다. 예를 들면, 학교가 제공하는 다양한 프로그램(자율활동), 동아리활동, 봉사활동, 교내 각종 대회 참가, 교육청이나 대학 등의 캠프 참여 등 다양한 경험 안에서 '학생이 성장한 과정'이라고 할 수 있겠다.

이제 학생들은 자신의 꿈과 대학 입시를 위해 다양한 활동을 찾고 그 활동을 기록할 것이다. 그전에 스펙에 대한 관점이 잘 세워져야 막무가내 스펙이 되지 않는다. 텅 빈 깡통 학생부도 문제지만, 묻지 마 식의 막무가내 스펙도 과유불급이기 때문이다.

《파랑새》라는 동화에서 보면 행복은 화려하고 거창한 것이 아니라 우리 일상에 있다는 교훈이 담겨 있다. 스펙 또한 그렇다. 대부분의 학부모와 학생들은 스펙에 대해 오해하는 것 중 하나가 스펙은 다른 학생보다 월등하고 화려한 활동이라고 여기는 것이다. 이렇다 보니 교외 수상과 해외봉사활동 등 외부활동도 전혀 못 쓰고 전국 학생들 모두 비슷하고 흔한 교내활동만 있어 스펙으로 할 만한 게 없다는 것이다. 여기서 스펙을 오해하고 있는 우리의 단면을 볼 수 있다.

대학이 원하는 것은 스펙의 화려함이 아니라 학생 개개인의 열정과 발전가능성이다. 스펙은 '결과, 성적, 높은 점수'가 아니다. 앞서 말했듯이 학생부종합전형을 '과정' 중심의 전형이라고 했다. 어떤 학생이 대회에 참가해 1등이 아닌 작은 상을 받았다고 하자. 아니 상을 못 받을 수도 있다. 상을 받았든 못 받았든 대회를 준비하는 과정과 새로운 도전을 한 경험이 학생에게 어떤 의미와 가치가 있었고 후에 얼마나 더 성장했는지 학생부와 자소서에 표현만 된다면 최고의 스펙이 된다.

결과를 떠나서, 본인에게 의미가 있었는지 적절하게 표현한다면 남들과 비교해서 작은 활동이라고 위축되거나 부끄러워할 필요가 없다. 실패했더라도 그 과정을 통해 깨달음을 얻었고 오히려 그 실패를 통해 더 많은 것을 대학에서 배우고 싶다고 어필한다면 입학사정관의 마음을 흔들 수도 있다. 스펙은 겉이 화려한 것이 아니라 학생의 처지와 시각에서 그것이 얼마나 의미 있는 경험인지가 중요한 척도다.

[코칭 포인트] 부모가 도와주는 멋진 스펙 만드는 원리

1. 스펙 연결고리 '진로'

이제는 고등학교 입학 전에 진로가 결정되어야 한다. 그리고 진로가 결정되었다면 1학년 때 그 진로와 관련된 다양한 활동을 해야 한다. 이 활동은 주제가 각각 따로 노는 활동이어서는 안 된다. 물론 고3 때 입시컨설팅을 받으러 학생부를 들고 온 것을 보면, 아예 활동이 없는 것보다는 잡다하지만 뭐라도 있어야 콘셉트를 맞출 수 있다.

하지만 학생부가 마구잡이식의 주제가 불분명한 스펙으로 가득 차 있다면, 입학사정관들도 이 학생이 입시를 위해 뭐라도 억지로 한 것으로만 보지, 선발하고 싶은 우수한 인재로는 생각하지 않는다. 만약 학생부 스펙과 지원하는 학과가 자연스럽게 연결되어 한눈에 진로와 전공학과가 퍼즐처럼 맞춰진다면, 전공적합성 점수는 따놓은 당상이다. 비록 남들보다 활동 개수가 적고 수능과 내신이 뒤처져도 전공에 대한 열정을 증명할 만한 스토리가 있다면 충분히 역전할 수 있는 핵폭탄급 무기가 될 것이다.

2. 긍정적이고 능동적이면 스펙은 저절로 따라온다

많은 학생과 학부모는 스펙이 일상생활이나 학업과 무관한 '이벤트'라고만 여긴다. 학교생활과 학업과 무관한 겉돌기 이벤트로만 하려니 부담을 느끼는 것이다. 하지만 스펙을 만들기 위해 삶을 맞추는 것이 아니라 꿈을 위해 즐겁게 활동하다 보니 '의미'를 발견하게 되는 것이 바람직하다.

예를 들어, 그냥 높은 점수를 받기 위해 수학공부를 한 것이 아니라 수학공부를 하는 과정에서 이런저런 고민과 자신만의 노력에 따라 높은 점수를 맞는 것이다. 과정에서의 고민과 노력이 담겨야 나만의 멋진 스펙이 된다.

소소하게만 보이는 이 일상을 스펙으로 승화시키려면 어떻게 해야 할까? 능동적으로 생각하며 학교에 다녀야 한다. 수동적이고 기계적으로 학교에 다니고 활동하면 남는 게 하나도 없다. 아무 생각 없이 학교생활을 해서 스펙이 없어 보이는 것뿐이다.

학생의 입장에서는 애초에 내가 주도한 활동이 아니기 때문에 전혀 감흥이 없을 수도 있다. 학생은 학교에서 제공하는 프로그램에 그저 무기력하게 몸을 맡기니 자소서에 쓸 게 없다. 조금만 더 능동적으로 마음을 열고 긍정적으로 생활하려는 개인의 노력이 필요하다. 이러한 마음가짐은 스펙을 떠나서 나 자신을 행복하게 해 준다. 즉 긍정의 상호작용이 자녀의 고등학교 생활을 가득 채우게 해야 한다.

3. 부모부터 먼저 스펙의 관점을 바꾼다

객관적으로 우수한 스펙이나 남들보다 화려해 보이는 스펙보다 자녀가 처한 교내환경과 역량 내에서 잘할 수 있는 것을 스펙으로 고르자. 무엇보다 진로와 연결되면서 2학년으로 올라가면 이미 성취한 다른 스펙들과 잘 어울리고 중복되지 않으면서 보완해 주는 것을 고르도록 도와주자. 자녀를 돋보일 스펙을 선별하고 설계할 때 부모는 자녀와 진솔하고 자유롭게 이야기하면서 자녀의 역량을 객관적으로 분석해야 한다. 자녀의 역량을 분석하는 평가 기준은 크게 '학업역량, 전공적합성, 발전가능성, 인성'이 있다.

4. 스펙은 균형이 중요하다

학생부종합전형에서는 학생부의 모든 활동을 종합적으로 평가한다. 출결사항, 수상경력, 창의적 체험활동, 교과학습발달사항, 독서활동 그리고 선생님과 친구들과의 관계까지. 학부모는 아이가 고등학교에 입학하면 학교에 잘 적응하고 진로를 탐색하면서 내신 관리와 관심 있는 비교과활동의 재미를 붙이도록 돕는 게 중요하다. 학부모 중에는 여전히 '쓸데없는 짓 하지 말고 성적이나 올리라면서' 비교과활동을 열심히 하려는 자녀를 면박 주는 분도 많다. 1학년 때는 교내 경시대회에 나가도 2, 3학년에 비해 수상 확률이 낮다. 고학년 학생에게 상을 더 많이 주기 때문이다. 그러나 관심 있는 대회에 참여라도 해 보는 것과 아예 참여조차 하지 않는 것에는 분명 차이가 있다. 1학년 때 참여한 아이는 다음 대회에서 수상할 확률이 높고 수상을 하지 않는다 해도 그 과정에서 열정이 생기고 성장을 했기에 결코 잃는 게 없다.

고등학교 3년
로드맵과 플래닝

고등학교 3년의 성공적인 로드맵을 위해 부모와 자녀는 먼저 교내 학사일정을 파악한다. 축제나 주요 행사 및 교내 경시대회 일정까지 파악한다. 연간 일정을 미리 파악해야 내신시험에 영향을 주지 않는 선에서 비교과활동을 체계적으로 할 수 있다. 경시대회의 경우 일정을 알면 미리 준비하면서 좋은 결과와 학생부에 수상 기록까지 할 수 있다.

[1단계] 구체적인 진로 진학 디자인

비전과 직업 정하기 → 학과 선택 → 학교 선택 → 대학으로 가는 방법

1. 비전과 직업	
국민이 행복한 국가 정책을 만들도록 돕는 빅데이터 분석가	

2. 학과 선택	3. 학교 선택
통계학	서울대 통계학, 연세대 응용통계학, 고려대통계학과, 서울시립대 통계학과, 이화여대 통계학 전공
컴퓨터공학	서울대, 성균관대, 이화여대, 중앙대 등
수학과	서울대, 고려대, 연세대, 성균관대, 한양대 등

4. 대학으로 가는 방법
수시: 학생부종합전형, 학생부교과전형, 논술전형 정시: 수능

[2단계] 진학을 희망하는 대학과 학과에 맞춘 '스펙' 디자인

	교과성취도 성적향상도 수업태도	자율 활동	동아리 활동	봉사 활동	진로 활동	교내수상, 자격증	연구 활동	독서 활동
학업 역량	1~3학년 내신: 전체 1.8등급 / 수학, 사회 영어: 1등급					경제 이해력 시험 (테셋)	시사토론 동아리에서 '경제나 데이터 관련 소논문' 작성	《통계 속의 재미있는 세상 이야기》 (통계청)
전공 적합 성			컴퓨터 소프트웨어 프로그래밍 동아리	시립도서관 업무 보조: 자료정리	통계 교육원 '통계 캠프' 참여			《빅데이터 인문학》 (에레즈 에이든) 《빅데이터 승리의 과학》 (고한석)
발 전 가 능 성	1학년 때부터 수학점수가 향상		시사탐구 토론 동아리	초등학생 컴퓨터 활용 수업으로 돌봄 활동	정보, 데이터, 통계, 경제 관련 신문 기사 스크랩 + 블로그 운영			
인 성	협력, 문제해결, 소통능력: 과목별 조별 과제 활동 열심히	배려, 리더십: 임원 활동	리더십, 협력: 동아리 기장					《죽음의 수용소에서》 (빅터프랭클) 《연어》(안도현) 등

위 활동을 하고 난 다음에 학생들한테 꼭 이런 질문을 해 본다.

"만약 네가 입학사정관이라면 너를 뽑고 싶니?"

그러면 자기들이 알아서 칸을 더 채우려고 고민한다. 자신이 보기에도 '이런 학생이라면 뽑고 싶다'는 생각이 들어야 합격할 수 있다. 스스로 이런 평가를 하는 것은 학생부종합전형을 본격적으로 준비하기 전에 꼭 필요한 과정이다. 그래서 제대로 된 플래닝에는 반드시 평가와 반성(피드백)이 들어간다.

위의 활동 예시를 살펴보면 '평가 키워드'가 교차로 중복되어 들어가는 활동도 있다. 예를 들어, '초등학생 컴퓨터 활용 수업으로 돌봄 활동'은 발전가능성과 인성 부분에서 어필할 수 있다. 독서도 학업역량과 전공적합성까지 동시에 어필할 수 있다. 이처럼 목적을 위한 계획을 세우기 위해서는 지혜와 노력이 함께 필요하다. 그냥 무턱대고 활동하는 것보다 평가자의 입장에서 생각해 보고 합격할 수 있는 스펙을 만들어 가면 유리하기 때문이다. 평가 기준 키워드에 맞춰 활동을 계획하면 객관적으로 균형 잡히게 활동을 설계할 수 있고 스스로 분석과 피드백이 가능해 앞으로 부족한 역량을 보완해 나갈 수 있다.

위의 활동 디자인은 부모와 자녀가 함께하면 좋다. 만약 자녀의 것을 대입해 봤을 때, 평가 요소 중 '전공적합성'에 해당하는 부분이 부족해 보이면 그 부분을 보완할 수 있는 활동을 다음 학기에 해 보면 어떨까?

[코칭 포인트] 숲을 만드는 3년 로드맵과 플래닝

가로 항목에는 고등학교 3년 동안 할 수 있는 활동 목록이, 세로 항목에는 평가 키워드가 적혀 있다. 이 활동지는 꿈을 향한 열정적인 활동과 입시를 동시에 준비하는 안목을 만들어 줄 것이다. 3년 동안 어떤 활동을 하는 것이 입시에서도 경쟁력이 있을지 깊이 고민할수록 유리하다. 1학년 때부터 완벽하게 칸을 채워 넣는 것은 굉장히 부담스러울 수 있다. 꿈을 향한 즐거운 활동을 하나하나 차곡차곡 쌓아 간다는 느낌으로 칸을 채우자. 단 한 개의 활동이라도 열심히 참여하면 꼬리에 꼬리를 물고 또 다른 활동이 따라올 것이니 일단 작은 교내활동이나 독서부터 시작해 보자.

	교과성취도 성적향상도 수업태도	자율 활동	동아리 활동	봉사 활동	진로 활동	교내수상, 자격증	연구 활동	독서 활동
학업 역량								
전공 적합성								
발전 가능성								
인성								

잘 쓴 학생부
열 과외 안 부럽다

1학년 때부터 활동한 것에 대한 기록을 습관화해야 한다. 학생부 기록은 교사가 하지만 내용을 채워 나가는 사람은 학생이다. 교사들은 현실적으로 모든 학생의 학생부를 잘 관리하고 기록하기가 힘들다. 학생을 돋보이게 하는 기록을 위해서는 각각의 학생을 깊이 관찰해야 하는데 결코 쉬운 일이 아니다. 학생들은 모두 다른 진로를 가지고 있고 그 진로에 맞는 여러 활동을 한다. 그러면 단순히 활동을 참여한 사실만이 아니라 그 활동을 하게 된 동기, 활동 과정, 활동 후의 변화를 기록해야 하는데 교사는 학생의 내적 변화와 성장을 다 알지 못한다.

방법은 간단하다. 학생이 활동하게 된 동기와 활동 전과 후의 변화를 작성하여 교사에게 제출하면 된다. 그러면 교사는 이를 참고하여 학생부를 기재할 수 있다. 실제로 독서활동은 학생들의 기록을 기반으로 교사가 작성한다. 선생님들은 학생부 입력 기간에 학생들에게 자신이 한 활동에 대한 기록을 요청하기도 하는데 학생들 대부분이 이를 무시하고 대충 작성하거나 귀찮다고 내지 않는다. 그런데 학생부는 일정 기간이 지나면 다시는 입력할 수 없다는 것을 꼭 명심하자.

[코칭 포인트] 학생이 학생부 기록에 참여하는 방법

이런저런 활동을 많이 하지만 평소에 잘 기록해 두지 않으면 학기 말 학생부 입력 기간에 참여할 수가 없다. 단순히 언제 무엇을 했는지 사건 말고 그 안에서 학생만의 성장이 담겨야 하는데 그때의 깨달음과 느낌은 기록하지 않으면 기억에서 사라지기에 이 방법을 추천한다.

1. 에듀팟 활용
에듀팟(edupot)은 2009년에 생긴 '창의적 체험활동 종합지원시스템'으로서 학생부의 비교과 영역 활동에 대한 기록 공간이다. 중요한 점은 에듀팟은 교사가 아닌 학생이 기록하는 곳이다. 따라서 신뢰성에 문제가 있을 수 있어 대학이 입시에 활용하지는 않는다. 그러나 학생과 교사 입장에서는 학생부를 작성할 때 에듀팟을 잘만 활용하면 효율적이다.

2. 에듀팟도 귀찮다면 '활동박스'를 만들자
책상에 작은 상자를 만든다. 학교 행사에 참여하거나 활동할 때마다 다음 기준에 근거하여 간단하게 키워드만이라도 적은 다음 상자에 넣는다. 이때 10분 이상 걸리면 또 미루게 되고 하기 싫은 '숙제'가 되니 꼭 10분 안에 적어서 상자에 넣자. 그래서 선생님이 활동에 관하여 제출하라고 할 때 이 활동지를 선생님이 알아보기 쉽게 정리해서 제출하자.

[기록 방법]
- 활동의 구체적인 사건이나 핵심 에피소드를 육하원칙에 맞게 서술한다.
- 그 활동을 하기 전과 하고 난 후의 변화를 적는다.
- 이때 다른 학생과 다른 나만의 차별된 독특함까지 적는다면 좋다.
- 단, 없는 사실을 지어내거나 실제와 다르게 '미화' 시켜 달라는 무리한 요구는 지양한다.

활 동	
활동 일시	
활동 장소	
활동 내용	
활동의 목적	
활동에 대한 전체평가	
활동에서 나의 역할	
활동에서 가장 인상 깊었던 것	
활동을 통해 달라진점	〈전체의 변화〉
	〈나의 변화〉
활동을 통해 새롭게 배운 점	

다양한 활동을 통해 진로를 찾은 승우, 지윤이 이야기

A   명확하게 정해진 비전이 없던 1학년 때, 약간의 흥미만 있으면 어떤 활동이든 가리지 않고 적극적으로 참여한 승우. 승우는 토론활동, 실험대회, UCC 제작 등 다양한 교내활동에 적극적으로 참여했다. 이러한 과정을 통해 중학교 때까지 자신조차 몰랐던 자신의 장단점을 파악할 수 있었다. 이렇게 알게 된 장단점은 스스로를 점검하고 부족한 점을 보완하는 데 많은 도움이 되었다. 또한 친구들과 함께 활동하면서 갈등을 어떻게 해결하고 협력할 수 있는지를 기록해 자소서에 쓸 만한 많은 소재를 얻을 수 있었다. 승우는 1학년 때부터 사실적인 내용뿐만 아니라 주관적인 견해와 느낀 점을 적절하게 기록했다. 승우는 1학년 때 다양한 활동을 열심히 하면서 2학년 때 '산업경영공학과'에 대해 알게 되었다. 하고 싶은 것이 명확해진 다음엔 오히려 공부하는 게 더 수월했다. 승우는 1학년 때 부지런히 다양한 활동을 하면서 자신을 탐색하고 성찰한 것이 큰 도움이 되었다고 말한다.

B   지윤이도 처음에는 한 분야를 중점적으로 하지 않고 진로캠프, 학

교홍보대사, 경제동아리, UCC 제작, 한일문화교류축제 참여 등 다양한 교내 활동과 체험활동에 참여했다. 그 결과 자신이 가장 관심이 많고 잘 맞는 분야가 일본과 관련된 활동임을 알게 되었다. 자윤이는 한일문화교류축제에 참여하며 교과서에서만 봤던 일본 전통놀이와 춤을 직접 관람하는 등 일본의 생활문화를 체험하면서 역사적인 문제로 가려졌던 일본에 대한 편견이 조금씩 극복되고 관심이 생겼다. 또한 학교 수업시간에 일본어 수업을 열심히 들으며 일본어 개념 노트를 만들어 수업시간에 배운 내용을 정리했다. 무엇보다 자윤이는 공부를 열심히 하지 않으면 기회의 폭이 한없이 작아진다는 것을 깨닫고 고교 3년 동안 열심히 학교 공부에 매진했다. 그 결과 전교 420등에서 전교 3등까지 성적을 올릴 수 있었다. 결국 자윤이는 교과와 비교과 두 마리 토끼를 잡아 원하는 대학 일본어학과에 진학할 수 있었다.

C 고등학교 1학년 아니, 중학교 때부터 구체적인 목표를 정하여 고등학교에 진학하자마자 맞춤형 활동을 한 친구도 있다. 민주는 디지털콘텐츠 전문가가 되기 위해 비교과활동에서 아예 다양한 컴퓨터 프로그램을 다루는 연습을 했다. 그래서 자격증을 목표로 경시대회까지 준비해 두 마리 토끼를 잡았다. 교과 공부를 놓치지 않기 위해 남들보다 더 부지런해야 했다는 게 가장 힘들었다고 한다.

성수도 일찍 화학공학과 진학이라는 목표를 정해 과학과 수학은 1등급 성적을 유지하고자 중간고사와 기말고사 기간에 총력을 기울였다. 특히 비교과 활동은 과학경시대회와 연구활동에 더 집중했다.

이 학생들의 공통점이 무엇일까? 바로 부지런한 '얼리 버드'라는 점이다. 활동이 먼저냐 진로가 먼저냐 고민만 한 것이 아니라 적극적으로 1학년 때 움직였다는 것이 포인트이다. 그리고 무엇보다 자기 자신에 대한 탐색과 노력을 게을리하지 않았다는 것이 이들 얼리 버드들의 최고의 전략이다.

UNIVERSITY

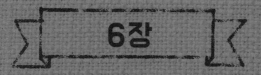

6장

- 고2 학교생활 코칭 -

대학의 눈에 확 띄는
인재가 되는 법

나만의 고유한
성장스토리를 만들자

　고등학교 1학년 때 구체적이고 차별화된 진로탐색을 기반으로 명확한 플래닝을 작성했다면, 2학년 때는 나만의 독보적인 경쟁력을 갖추는 플러스알파 전략이 필요하다. 고만고만한 개성 없는 스펙이 난무한 곳에서 성장과 개성이 담긴 실질적인 에피소드를 확보하도록 열정적으로 고등학교 생활을 즐겨야 한다. 지금부터 학업역량, 전공적합성, 발전가능성, 인성 이 네 영역의 평가를 고려하여 잠재력을 마음껏 발휘하며 행복하게 학교생활을 하는 원리를 살펴보자.

　'구슬이 서 말이라도 꿰어야 보배'라는 속담이 있다. 스펙은 바로 '구슬'과 같다. 대학은 구슬이 많다고 인재로 여기지 않는다. 대학은 이 구슬이 '어떻게 꿰어져 있나'를 평가하는데 정확하게 말해 '역량'을 찾아낸다. 역량의 사전적 의미는 '어떤 일을 해낼 수 있는 힘'이다. 그렇다면 입학사정관은 어떻게 '해내는 힘'을 학생부와 자소서에서 찾아내는 것일까?

　동일한 지역에서 같은 학교에 다니고 비슷한 동아리활동을 하고 비슷한 봉사활동을 했다면 스펙은 같다. 그런데 그 모든 경험으로부터 학생마다 느끼고 깨달은 점은 다 다르다. 즉, 스펙은 같을지 몰라도 '성장'은 모두 다르다. 사람마다 고유성(Character)이 있기 때문에 다 같을 수가 없다. 경희대 입학사정관 오정숙 교수가 입학안내 책자(LION 30호)에 쓴 칼럼을 보면 실제로 전국에 같은 고등학교에서 같은 학과에 여러 명이 지원하는 경우를 자주 볼 수 있다고 한다. 이때 교과 성적이 일차적인 기준이 되지만 성적 차가 크지 않고 주요 비교과활동이 거의 일치할 때는 이 공통의 경험을 어떻게 나만의 '고유성'으로 엮어내는지가 관건이라고 한다.

사례를 들어보자. 한 외고에서 성적이 비슷한 3명의 학생들이 같은 외국어 관련 학과에 지망했는데, 원어연극 동아리활동과 통역 봉사활동이라는 공통의 스펙을 가지고 있었다. 학생 1과 2는 자소서에 '~를 했다' 식의 기술을 주로 했다. 과정은 생략하고 결과만을 보여 준 경우다. 그러나 학생 3은 원어 연극과 통역 봉사에 사용했던 원문들이 만들어지는 과정과 이를 통해 자신이 성장해 가는 과정을 성실하게 담았다. 오류투성이의 원문을 수정 작업을 통해 어떻게 완성되는지 과정을 서술하면서 이런 경험들이 학과 선택에 어떤 영향을 미쳤는지를 설득력 있게 보여 주었다.

또 다른 사례는 총학생회장 선거에서 성공한 학생과 반대로 떨어진 친구의 이야기다. 결과만 보면 학생회장에 당선된 학생이 스펙이 더 화려하다. 그러나 이 학생은 총학생회장이 되었다는 결과만을 강조했지만 떨어진 친구는 오히려 자신의 패인을 분석했다. 선거 전략, 연설문, 선거운동 등을 살피면서 자신의 실패를 상세히 분석하면서 이 경험을 통해 자신이 어떻게 성숙하고 성장했는지에 초점을 맞췄다. 이 학생은 자신의 삶을 깊이 있게 '성찰'하여 진정성 넘치는 스토리로 발전시켜 개성을 어필했다. 이처럼 학생은 이 구슬을 꿰는 '스토리'가 있어야 하고 스토리는 성장과정으로 고스란히 학생부와 자소서에 나타난다.

단순히 공부만 잘하는 학생만 필요하다면 학생부종합전형이라는 복잡한 제도를 도입할 필요가 없다. 그냥 점수로 줄을 세우면 그만이기 때문이다. 학생부종합전형이 생긴 진정한 의도가 무엇일까? 바로 '자신을 성찰하고 발전시키고자 하는 갈망'이 청소년 시기에 있느냐 없느냐를 알고 싶어서가 아닐까? 그렇다면 스펙을 관통하는 나만의 성장스토리를 만드는 것은 어찌 보면 굉장히 쉽다. 일상을 열린 마음으로 새로운 관점으로 바라보고 의미를 부여하면 되기 때문이다. 다른 친구들의 삶이 특별해서 특별한 이야기가 나오는 것이 아니다. 사람들 사는 건 거기서 거기다. 그런데 입시 강의를 할 때 다양한 사례를 설명하면 학생들은 "헐, 저것 나도 생각한 건데. 저것 나도 하는 건데……."라고 말한다. 그렇다. 콜럼버스의 달걀처럼 누구나 생각할 수 있고 아무나 할 수 있는 것! 그런데 '발상의 전환'이 필요한 것! 단조롭고 틀에 박힌 학교생활을 비틀어 관점을 새롭게 하고 그 속에서 성장하고 발전하는 모습을 보여 주는 것이 바로 전략이다.

수시 지원을 앞두고 자소서를 작성할 때 학생들 대부분은 3년 동안 자신이 제대로 해 놓은 것이 없다고 즉, '쓸 만한 것'이 없다는 것을 깨닫고 후회한다. 시간을 되돌려서 고등학교 1학년 때로 되돌아갈 수만 있다면 하고 눈물짓기도 한다. 하지만 3학년 1학기까지 남다른 노력을 계속해 온 학생들은 미소를 짓는다. 아니, 오히려 자소서 쓸 날을 기다려 왔다면서 자신을 세상에 뽐내기 위해 설레어 한다. 이런 학생에게는 대학 입시의 성공이나 남들의 인정보다는 오히려 자기 자신에게 떳떳하다는 뿌듯함이 가장 큰 보상이 아닐까?

대학은 '내신점수' 높은 학생보다 '학업역량' 높은 학생을 원한다

학업역량은 '대학 입학 후 전공 공부를 할 수 있는 기본 능력'이 있는지를 살피는 것이다. 이것은 학업성취도 및 지적 성취, 학업에 대한 태도와 자세에 대한 것을 포괄하는 개념이다. 즉, 내신 등급과 수능 점수보다 더 큰 개념이다.

학업과 관련된 활동은 교실 수업에서만 이루어지는 것이 아니다. 창의적 체험활동(자율, 동아리, 봉사, 진로)은 다양한 곳에서 이루어진다. 학생의 학업역량은 학교생활기록부 교과 영역과 비교과 영역의 여러 항목에서 골고루 찾아낼 수 있다. 입학사정관들은 감으로 학생을 뽑지 않고 프로파일러처럼 학생부 곳곳에서 학업역량을 살펴본다.

고교 3년간의 교과 성적과 함께 학업 관련 수상경력, 학업에 대한 태도와 지적 호기심, 심화학습 경험과 내용, 학업과 관련된 다양한 경험과 활동이 학업역량 평가의 대상이 된다. 그런데 이 모든 과정이 바로 어릴 때부터 형성된 '자기주도학습능력'과 연관되어 있다.

[평가 영역]

평가 영역	세부 평가	평가 자료
학업역량	• 전체 성적 변화와 추이 • 과목별 원점수 이수자 수 　(표준편차, 백분위 등) • 학업 관련 수상 실적 • 지적 호기심, 자기주도학습능력, 　학업태도, 전공분야, 열정 • 학업 관련 활동 참여도: 수업시간, 　과제수행, 동아리, 방과후학교, 　소논문활동(탐구, 연구), 교내대회 • 독서의 양과 질(지적 호기심과 관심사 평가) • 심화 학습 및 연구의 경험	1. 학교생활기록부 　• 수상경력(학업 관련) 　• 창의적 체험활동 　　자율활동, 동아리활동 　• 교과학습발달사항 　• 세부능력 및 특기사항 　• 독서활동사항 2. 자기소개서 　• 자기소개서 1, 2번 문항 3. 추천서 　• 추천서 해당 항목에 　　대한 기술 내용

[코칭 포인트] 학업역량을 뽐내면서 학생부에 기록할 수 있는 외부활동

■ **UP(University-level Program: 고교-대학 연계 심화과정)**
고등학생이 오프라인으로 대학 강의를 듣고 학점까지 취득하는 프로그램이다. K-무크와 달리 유료이고 지원자 추천 과정도 거쳐야 하지만 현장에서 보다 강제성 있게 수강할 수 있다. UP 프로그램에 참여하는 고등학생도 해마다 증가하고 있다. 도입 첫해인 2012학년에 331명이던 수강자가 2013학년 769명, 2014학년 1367명, 2015학년(2016년 1월 겨울방학 포함) 1,871명으로 늘었다. 고등교육법 제23조에 따라 학점을 취득할 수 있다는 게 가장 큰 목표이지만 다른 유익함이 더 크다.

■ **UP의 장점**
희망하는 전공과목의 강의를 앞서 경험함으로써 자신의 적성과 맞는지, 본인이 생각하는 진로 방향에 합당한지 등 점검해 볼 수 있다. 이를 통해 특정 교과에 대한 관심을 갖고 노력을 기울였다는 것을 구체적으로 보여 줄 수도 있다. 수업을 듣는 학생들은 전공의 기초가 되는 과목을 미리 수강함으로써 막연한 생각을 넘어 적성과 잠재 능력을 확인해 볼 수 있다. 또 다른 대외활동과 달리 학생부 기재가 가능해 대학 입시 전형에 활용할 수 있다. UP 프로그램 이수는 학생부의 '교과학습 발달상황' 란에 '세부능력 및 특기사항'으로 적을 수 있다. 구체적인 이수 성적까지는 밝히지 않고 이수 과목과 학점, 시간만 기재한다.
오프라인 강의여서 시간 제약이 있다. 여름·겨울방학에는 약 3주간 주중에 수업을 하고 학기 중에는 토요일을 이용해 수업이 이뤄진다. 또 자격 제한도 있다. 고교 전체 성적과 수강희망 교과성적을 고려해 대학 수준의 강의를 들을 자격이 있는지 학교장 및 교사의 추천도 필요하다. 학년에 관계없이 학교장, 교사의 추천을 받은 고교생은 이 프로그램에 참여할 수 있다.

■ **온라인 강의 MOOC와 TED 활용**

무크(MOOC: Massive Open Online Course)는 학습자의 제한 없이 누구나(Massive) 무료로(Open) 인터넷(Online)을 통해 우수한 대학의 강의(Course)를 수강할 수 있는 온라인 공개 강의로 질의 및 응답, 토론, 과제 등을 통해 교수와 수강생 또는 수강생 간의 양방향 학습이 가능하다. 특히 국내에서 하는 K-무크는 학교에서 배운 내용을 좀 더 깊이 있게 공부하고 싶거나 대학을 간접 경험하는 기회로 삼는 것이 좋다. 단 UP처럼 학점은 인정되지 않는다.

누구나 들을 수 있는 온라인 강의 MOOC와 TED는 지적 호기심을 키우거나 채워 주는 데 그 목적이 있다. 이런 것들은 자소서에서 잘 활용하면 좋다. 일반적인 자소서를 기준으로 보면, 1번(고교 재학기간에 학업에 기울인 노력이나 학습경험에 대해 배우고 느낀 점), 2번(고교 재학 기간 중 의미를 두고 노력했던 교내활동 3개 이내)에 TED와 MOOC를 통해 학습에 대한 동기(흥미)가 유발됐다거나, 심화학습까지 이어지는 중간 역할을 했다고 사용하면 좋다. 그러나 정말 중요한 것은 이러한 온라인강의가 지적 호기심의 출발점이나 학생부와의 연결고리로 활용되는 등 부분적 역할에 그쳐야 마치 전부인 것처럼 주객이 전도되면 안 된다는 것이다. 학생부종합의 중심은 충실한 교내 교과목 공부가 기본이다. 또 이 강의를 듣지도 않았는데 자소서에 이들을 들었다고 꾸며 쓰면 면접 때 들통이 나니 무리하게 보여 주기 식으로까지 할 필요는 전혀 없다.

학생부 '8. 교과학습발달'은 학업역량 판단의 넘버원

교과 성적은 기본 중에서도 기본으로 가장 중요하다. 학생의 잠재력을 파악할 수 있는 가장 기본적인 판단 자료이므로 내신 관리를 잘할 수 있도록 노력해야 한다. 학업 성적은 단순한 점수로 보일지 모르지만 그 결과를 얻기까지 학생의 노력과 성실성을 내포하고 있는 중요한 객관적 잣대다. 또한 대학은 전공에 따라 중요시하는 교과목이 다를 수 있으므로 전공에 필요한 교과목의 학업 성취도 여부를 중요하게 본다. 지원하는 전공과 관련된 교과목의 성적이 우수할수록 좋은 평가를 받을 수 있으므로 전체 내신보다 주요 과목 '국어, 영어, 수학, 사회, 과학' 중 본인이 지원 예정인 전공과 관계있는 과목에서 좋은 성적을 얻는 것이 전략이다.

세부능력 및 특기사항은 교과목 선생님들이 학생이 수업 시간에 어떤 태도를 보이는지 서술하여 기록하는 칸이다. 그 과목에 흥미가 있고 지적 호기심이 넘치는 학생들은 수업에 적극적으로 참여하고 그 과목에 대한 학생의 열정은 이 항목에 기록된다. 입학사정관은 학생부를 통해 고학년이 될수록 성취도가 상승하는 교과목의 종류, 소속 학교의 교육 환경과 특성화는 무엇인지 등을 고려하여 학업에 관련된 종합적인 판단을 한다. 학년이 오르면서 성적도 함께 상승하면 잠재력이 우수하다고 평가받을 수 있기 때문에 1학년 때 성적이 좋지 않았다면 2학년 때 전 과목은 아니더라도 자신이 희망하는 전공과 관련된 과목 하나만이라도 열심히 해서 성적을 올려 보자.

[코칭 포인트] 혼자 하는 공부로 성적 올리는 방법

성적 향상의 기본은 절대 학습량의 확보이다. 학원만 다니고 집에 와서 내 것으로 소화시키는 시간이 없다면 소용없다. 보통 학교 방과 후 수업은 수준별, 주제별 교과목 수업이 개설되는데 정규수업과 시간을 조화시켜 보충으로 활용해보자. 그런 다음 예습과 복습을 하면서 매일 2시간만 앉아서 집중하면 성적이 오른다. 낮 수업시간에 개념을 배웠으면 그 개념에 해당하는 문제를 과목별로 최소 10문제만 풀어 보자. 그런 다음에는 잠을 자든지 TV를 보든지 하고 싶은 것을 마음껏 해도 된다. 그러면 원리를 이해하게 되고 이것이 누적되면 성취감으로 인해 공부할 맛이 나서 공부를 이어간다. 집중과 몰입의 즐거움은 맛본 학생은 안다. 이렇게 공부하는 것이 진짜 내 공부임을.

학업역량 추진력!
끊임없는 지적 호기심으로부터

    지적 호기심은 열정을 낳고 열정은 공부하게 만든다. 지적 호기심은 숫자로 나타내기 힘들다. 교실 수업에서는 다양한 수업 방식(발표, 토론, 모둠학습, 수행평가 등)을 통해서 나타나고 탐구, 연구, 실험을 실행하는 동아리활동이나 프로젝트활동을 매개로 하여 이루어지며, 강연을 듣는 등의 자율활동 및 교과 외 활동 속에서 한 부분으로 드러나기도 하며, 방과후학교 프로그램 등에서 보충학습 또는 심화학습의 형태로 나타나기도 한다.

[사례]
다큐멘터리 시청을 통해 3D 프린터와 드론이 왜 사람들의 일자리를 위협하는지 호기심 발동
  → 사회 수업시간에 질문하는 모습을 보이고 수행평가 시간에 같은 주제로 발표
  → 관련 도서를 읽음
  → 교내 토론대회에 참가 및 수상

대학은 이런 학업 관련 다양한 활동을 통해 지원자의 관심과 지적 호기심이 무엇인지 파악하며, 그 활동 내용은 무엇이고 어떻게 진행되었으며 지원자는 어떤 역할을 했는가를 중점적으로 본다. 또한 일회성, 단발성의 행사나 경험이 아닌 어느 정도의 지속 기간에 걸쳐 이루어졌는지를 함께 고려하여 그 활동과 경험의 충실도와 깊이, 그것이 갖는 의미 등을 찾아내 반영한다. 그러므로 계속 도미노처럼 연결된 지적 호기심과 열정만이 학업역량을 나타내는 원동력이 된다.

탐구활동 역시 학생이 어떤 지적 호기심으로부터 지적 경험을 했는지 과정이 드러나야 한다. 남들이 보기에 소소한 주제라도 학생의 동기와 호기심의 출발이 분명하고, 그 과정에서 활동하기 전과 다르게 작은 것이라도 얻고 깨달은 것이 있다면 어느 것이든 상관없다. 그리고 두 활동 모두 다음 활동으로 도미노처럼 연쇄작용이 일어나면 금상첨화다. 바로 열정을 증명하기 때문이다. 탐구활동의 기록에서 또 중요한 부분은 주어진 환경의 한계를 넘어 문제를 해결하려 한 모습이다. 이런 학생은 좋은 점수를 받기 때문에 학생들뿐만 아니라 교사들이 창의적 체험활동이나 종합의견 등에 이런 내용을 반영해 줄 필요가 있다.

[코칭 포인트] 부모가 학업역량을 높여 주는 방법

다음의 질문을 습관화하자! 특히 부모들이 자녀에게 직접 물어봐 주면 더 좋다. "공부 열심히 했니?" 하고 조사하듯 묻는 것이 아니라 다음 질문을 자연스럽게 한다면 일상에서 부모들이 자녀의 학업역량을 높여 줄 수 있다.

"오늘은 선생님에게 어떤 질문을 했니?"
질문을 한다는 것은 수업시간에 그만큼 집중을 해야 가능한 것이다. 무조건 열심히 듣고만 오거나 아무 생각 없이 그저 앉아 있다가 오지는 말자.

"이번에 배운 것을 어디에 응용(적용)해 봤니?"
대학은 학생의 학업역량을 볼 때, 학생이 넓고 깊게 배우며 지식을 잘 쌓았는지를 살핀다. 그런데 이것이 끝이 아니다. 학생이 획득한 지식을 활용하는 기회를 얻었는지, 현실 문제에 응용해 본 경험이 있었는지를 중요하게 평가한다. 실제로 자소서 1번을 살펴보면 학업역량이 있는 학생과 없는 학생의 서술은 하늘과 땅 차이다. 학업역량이 잠재되어 있는 학생의 자소서 1번은 자기주도학습의 경험이 굉장히 넓고 깊다. 그런데 학업역량이 부족한 학생의 자소서 1번이 굉장히 단순하다.

대학뿐만 아니라 이제 사회는 지식을 배우기만 하는 것에서 그치지 않고, 배우고 익힌 것을 무언가에 활용하는 경험이나 활동을 통해 적용 능력과 문제해결 능력을 갖추고 있는가를 평가한다. 그래서 100가지의 지식을 가진 학생보다는 50가지밖에 없더라도 이것을 적극적으로 여러 측면에 적용하고 활용해 본 학생을 더 낫게 본다. 학업역량은 배우고 채워 넣는 것에만 있는 것이 아니라 쌓인 지식을 적절하게 써먹을 수 있는 것에서 그 지식의 가치와 중요성을 알 수 있다. 그리고 그런 활용과 적용의 과정 자체가 그 학생의 지적 관심사를 보여 주는 좋은 지표가 된다.

독서는
가성비 최고의 스펙

"수포자는 대포자, 영포자는 직포자, 독포자는 인포자"

무슨 말인지 알겠는가? '수학을 포기하면 대학을 포기하는 것이고, 영어를 포기하면 직장을 포기하는 것이고, 독서를 포기하면 인생을 포기하는 것과 같다'는 말이다. 그만큼 독서는 대학 입시를 떠나서 평생 공부에서 가장 기본이 된다.

대학에서는 학업역량 안에서도 지적 호기심과 자기주도학습능력을 평가하고자 '독서활동상황'을 중요하게 본다. 서울대처럼 아예 자소서의 한 문항으로 독서에 대하여 심도 있게 물을 수도 있고 면접 때 물어보기도 한다. 그 학생이 어떤 책을 읽고 있는지 살피는 것은 어느 정도 그 학생의 지적 수준과 관심을 가늠할 수 있기 때문이다. 지적 호기심과 지적인 열정이 넘치는 학생들은 자연스럽게 관심 있는 분야의 독서를 하게 된다. 교과목 공부만으로 충족할 수 없는 것이어서 교과목의 내용과 지식을 자신의 것으로 만드는 과정에서 자연스럽게 그 분야의 책을 읽는다면 학업역량은 자연스럽게 올라간다. 지적 호기심에 의한 다독이 가장 이상적인데 학업역량이 높은 학생들은 교과목 성취와 독서가 자연스럽게 비례한다.

일반적으로 학생부 '독서활동상황' 기록은 학생이 쓴 내용을 토대로 교사가 덧붙이는 방식으로 작성되는데 학생들은 권장도서를 보여 주기식으로 숙제를 해치우듯 한다. 그런데 독서로 자신의 개성을 보여 주는 것과 몇 권 읽었다고 형식적으로 써 놓은 것은 확연히 다르다. 서울대가 세 권만 쓰라고 한 이유는 세 권으로도 충분히 학생의 차별화된 개성을 보여 줄 수 있다고 여기기 때문이다. 그러니 절대 나열하듯 쓰지 말자.

[코칭 포인트] 독서로 학업역량을 증명하는 방법

1. '뭔가 알고 싶어서 이 책을 읽었다'는 동기와 연결고리가 분명해야 한다
본인의 지적 호기심과 문제의식에서 출발해 책을 읽으면 좋다. 어떤 책을 왜 읽었는지가 정말 중요한데 단순히 청소년 권장도서여서 억지로 읽은 것이 아니라 필요에 의해 읽는 것이 중요하다.

[사례]
- 영어 교과서에 나온 짧은 지문을 보고 전체가 담긴 스토리가 궁금해 전체 스토리의 책을 읽었다.
- 학생회 회장 활동을 하면서 리더십이 부족하다는 소리를 들어 리더십과 소통 능력에 대한 책을 읽어 봤다.

---

2. 독서에도 '성장'이 있다

어떤 학생이 마이클 샌델의 《정의란 무엇인가》를 읽었고 면접에서 면접관이 그 책에 대한 질문을 했다. 그런데 대답을 잘 하지 못했다면 그 학생은 자신의 수준에 맞는 책을 읽은 것이 아니다. 처음부터 무리하게 어려운 책을 읽지 말자. 처음에는 재미와 호기심을 위해 독서를 시작하지만 점점 심화된 주제로 나아가는 것이 좋다. 그러면서 학년이 올라가면서 독서의 주제 폭이 넓어지고 깊이가 더해지는 것이 '성장'이다.

3. 독서는 교과 수업과 다른 활동에 도움을 준다

교과 공부와 교내활동으로 바쁜데 독서까지는 무리라고 생각하는 학생들이 많다. 그런데 수업 교과목과 연관된 도서를 심화된 주제로 발전시켜 수업 중 수행평가나 과제탐구에서 보고서 또는 소논문을 작성하면 효율적이다. 또 동아리나 토론 활동을 통해 독서 활동을 병행할 수도 있다.

[학업역량과 전공 적합성을 돋보이게 하는 도서 활동 사례]
• 우연히 TV다큐멘터리에서 배상민 산업디자인학과 교수를 알게 되어서 더 알고 싶은 호기심이 생김 → 배상민 교수가 쓴 《(나눔 디자이너 배상민의 세상을 바꾸는 크리에이티브) 나는 3D다》라는 책을 읽게 됨 → 그 안에서 '적정기술'에 호기심이 생김 → 과학시간에 '적정기술'을 언급함 → '적정기술'에 관련된 책을 더 찾아 읽게 됨 → 봉사 나눔 동아리활동에 '적정기술'이 아프리카에서 어떻게 쓰이는지 조사 → 기부 활동에 동참

4. 독후감과 다른 방식의 글! 독서 기록

독서활동은 단순히 독후감을 쓰는 게 아니다. 어떤 호기심이나 필요성 때문에 이 책을 읽게 되었는지(동기), 책을 읽은 뒤 자기 생각에 어떤 변화가 있었는지, 책을 읽은 후 다음 행동이나 활동으로 어떻게 연결되었는지가 학생부나 자소서에 담겨야 한다. 그렇지 않으면 아무리 수준 높은 책을 읽어도 전혀 플러스 점수가 없다.

교과와 비교과의 연결로
꿩 먹고 알 먹고

부모님들을 만나 보면 동아리 및 수상경력과 각종 소논문 등 비교과 활동이 좋으면 당연히 유리할 것으로 생각하는 분들이 많다. 그러나 입학사정관은 단순히 비교과 영역에 적힌 항목의 양만 보는 것이 아니라 이 활동들이 교과 영역과 얼마나 유기적으로 연결되었는지를 살핀다. 예를 들어 수상 실적에는 영어와 관련된 교내 수상이 기재되었는데 실제로 영어 내신점수가 낮고 과목별 세부능력 및 특기사항도 그에 비해 부실하게 기재되었다면 학생을 어떻게 평가할까? 선발하기에 뭔가 미심쩍을 수도 있을 것이다. 대학은 '감'으로 학생을 뽑지 않는다. 무엇보다 이제는 교내대회의 상이 흔해져 학생부의 변별력을 위해 대학도 진짜 인재를 가려내기 위해 고군분투한다.

■ 교과 스펙 ⇔ 비교과 스펙

경영학과 진학이 꿈인 학생 → 사회(경제) 수업 시간 중 실물경제와 유통에 관한 관심이 생김 → '경영&스타트업' 동아리활동 중 중국인 관광객과 한국 경제 연관성 호기심 생겨

조원들과 함께 조사해 봄 → 관련 독서와 신문 스크랩 → 동아리 멤버들과 동대문과 명동 면세점 탐방을 나감 → 수업 중 과제탐구 · 수행평가 등에서 평소 관심을 두고 있는 주제를 조사해서 발표 → 교내 소논문 경진대회에 이 주제로 입상

이 학생을 보면 벌써 교과와 동아리 독서활동과 교내 수상까지 네 영역이 연결되었다. 대부분 부모님과 학생은 교과(수업) 하면 내신성적만 떠올리지만 대학은 수업 중 발표 · 토론 등 학생이 어떤 주제에 관심을 두고 참여했는지까지 세밀하게 과정을 평가한다.

학생부종합전형의 교과활동과 비교과활동은 연결되어야 하는데 이때 이 둘을 연결하는 연결고리는 학생의 '희망진로'다. 교과 성취와 비교과활동이 전공이라는 연결고리로 잘 조화된다면 학생의 전공적합성과 학업역량은 높이 평가될 것이다.

[코칭 포인트] 방과후학교와 교내 경시대회의 연결

교내 방과후학교는 교과목과 관련된 것만 있는 것이 아니라 영어토론반, 독서토론, 논술반 등 다양한 강의가 준비돼 있다. 따라서 방과후학교에 적극적으로 참여하는 것만으로도 교내 경시대회의 기초를 다질 수 있다.

모든 활동이 연결되는
도미노 활동 전략

    교과와 비교과활동이 연결되듯 학생의 모든 활동은 유기적으로 연결될 수 있다. 자신의 꿈을 이루고자 하는 학생의 내면은 뜨거운 열정으로 가득 하기에 가만히 있지 못한다. 그래서 행동으로 옮기게 되고 그렇게 단순한 관심과 호기심으로 시작한 활동이 또 다른 활동으로 자연스럽게 연결되어 스펙의 질과 양이 보다 풍성해진다.

    실제로 작은 생활 습관이 잠재력과 발전가능성으로까지 인정받을 수 있는 게 학생부종합전형이다. 정치학과를 학생부종합전형으로 들어간 학생은 고등학교 3년 내내 매일 오전 자율학습 시간에 신문을 읽고 스크랩을 했다. 이 학생은 정치학은 거시적인 관점에서 사회구조를 연구하는 학문인데, 신문을 읽다 보면 법률이나 정책이 우리들의 생활에 어떻게 적용되는지 실제 사례를 풍부하게 볼 수 있다며 자신의 진로와 연관시켰다. 신문 읽기와 동아리도 연결지었다. 2학년 때 친구들과 '사회과학 동아리'를 만들어 주제별로 신문 기사를 찾아 읽고 토론하는 활동을 했는데 교내에서 열린 토론대회에서 우승한 경험도 신문 읽기 습관과 이어진 것이다. 또 다른 친구도 CSI 과학수사를 보고 프로파일러의 꿈이 생겨 다양한 범죄심리학 도서를 읽고 신문 기사를 스크랩했다. 더불어 이와 관련된 특강이나 강연을 들으러 다니고 직접 추리소설을 써 전자책으로까지 출간했다.

이 학생들의 공통점이 무엇일까? 바로 열정과 활동이다. 열정이 있기에 자연스럽게 활동으로 나타났고 그 활동이 또 다른 활동을 낳았다. 이들은 자신의 진로와 연관된 스토리가 있고 스토리 속에 전공적합성과 성실함, 잠재력까지 넘친다. 겉으로 보이는 것은 '활동'의 증가지만 이들이 이룬 것은 멋진 '성장'이다. 잊지 말자! 대학은 학생이 얼마나 전공에 최적화된 우수한 자질을 가졌는지 검증하려 한다. 전공에 대한 열정과 관심을 보여 줄 수 있는 요소를 갖추는 것은 그만큼 어렵기에 본인이 노력해야 한다는 사실을.

[코칭 포인트] 자율동아리와 교내 경시대회의 연결

교내 경시대회는 교과목과 관련된 대회뿐만 아니라 토론발표 대회, 골든벨 대회, UCC 대회 등 다른 친구들과의 협력을 통해서 결과를 내야 하는 것도 있다. 미리 학사 일정을 파악해 마음이 맞는 친구들과 함께 자율동아리를 학기 초에 결성하자. 혼자서 하는 것보다 계획성 있게 미리 준비할 수 있고 더 완성도 높은 결과물이 나올 수 있어 수상 확률도 높다. 무엇보다 학생부에 기록도 되니 그 자체로 의미가 있다.

[사례]
사회문화 자율동아리 만듦 → 교내 경시대회 중 하나인 소논문 대회를 위해 '스마트폰과 댓글 문화'라는 주제로 자율동아리 구성원이 함께 연구 → 소논문대회 수상 → 사회 수행평가 시간에도 관련 주제로 발표 → 수행평가, '수업시간 발표, 태도, 토론'이 반영되는 교과세부사항 및 특기 등에 기재

인성! 기준을 알고 준비하면 전략이 된다

인성은 수치화하기 어려운 부분이기에 어떻게 노력해야 할지 모르겠다는 학부모들이 많다. 인성은 그저 착한 성품이 아니다. 사회와 대학은 실력과 인성을 갖춘 인재를 원하기에 인성을 평가하는 구체적인 기준이 있다. 그리고 이 평가는 '학생부'와 '자소서'에서 근거를 얻어 이루어진다. 인성의 기준을 알고 교내활동을 한다면 인성이 어렵고 모호한 것이 아님을 알게 된다.

인성은 개인적인 요소와 공동체 안에서 나타나는 요소가 있다. 학생은 다양한 활동을 하면서 인성의 항목을 배우며 성장한다. 동시에 이 과정이 학생부에 잘 기록되고 관리되면 자신의 건강한 인성을 '증명'할 수 있는 소재가 풍성해진다. 이것은 자소서를 쓸 때도 마찬가지다. 학생부 종합전형은 철저히 과정중심, 경험중심이기 때문에 스토리와 생생한 에피소드의 확보가 관건이다. 인성의 기준과 항목에 대하여 미리 알고 활동하면 내적인 성장과 발전도 이루면서 동시에 어떤 깐깐한 기준이 제시되더라도 자신을 인성 또한 훌륭한 인재라고 여유 있게 표현할 수 있을 것이다. 이제 다양한 경험을 쌓으며 자신의 인성과 잠재력을 멋지게 증명하자.

[개인 역량]
자기주도성, 성실성, 준법성, 책임감
- 규칙준수, 도전정신, 역경 극복(문제해결능력)

[공동체 역량]
협동, 배려, 나눔, 효, 소통, 리더십
- 관계지향성, 타인존중, 갈등관리 등

[코칭 포인트] 자존감과 자기효능감

중등 파트(2~4장)에서도 중요하게 다룬 '자존감'! 그렇다. 모든 인성의 출발은 자존감이다. 자신이 존귀하고 소중하다는 자존감 위에 이제는 자기효능감이 있어야 한다. '자기효능감'이란 어떤 결과를 이루는 데 필요한 행동을 계획하고 수행하는 자기 능력에 대한 자신감이다. 특정한 문제를 자신의 능력으로 멋지게 해결할 수 있는 신념과 기대감을 말한다. 자기효능감이 높은 사람은 과제에 대한 집중과 지속성을 통하여 성취 수준을 높일 수 있다. 그 결과 긍정적인 자아상을 형성하는 데 도움이 된다.

자존감과 자기효능감이 부족해 공부는커녕 활동 자체를 시도하지 않는 무기력한 학생을 많이 본다. 그리고 때로는 불안과 스트레스를 동반하는 경우를 본다. 갑자기 안 하던 공부를 하려니 힘들기도 하지만 이렇게 노력한다고 해서 성적이 올라갈지 또는 비교과활동을 열심히 해도 입시에 성공할지 자기 확신이 없어 불안한 것이다.

자기효능감에 가장 큰 영향을 주는 것은 성공 경험과 언어적 설득이다. 특히 뿌듯함이 중요한데 뿌듯함은 기쁨이나 감격이 마음에 가득 차서 벅찬 느낌을 말한다. 고등학생 때 이 뿌듯함과 성취 경험은 앞으로 성인이 되어 어떤 일을 추진할 때 자신감과 용기를 가지게 도와준다. 고등학교 기간에 다양한 활동을 하면서 수상이라든지 성적이라는 결과보다 성취해내는 경험 자체가 굉장히 소중하다.

어릴 때부터 부모님을 통해 결국 나는 잘해낼 거라는 '자기효능감'과 나는 가치 있는 사람이라는 '자존감'만 심어지면 활동할 때 남들과 비교하거나 위축되지 않는다. 건강한 자존감이 없기에 소통능력도 떨어지고 관계 속에서 나눔, 배려, 협력을 잘 못한다. 물론 청소년이기에 이 모든 인성은 배워 나가는 것이다. 건강한 자존감과 자기효능감만 있다면 다른 인성의 항목을 배워 나가며 성장해 간다.

역경 극복 스토리가 없는 이유!
도전정신이 없기 때문

대학은 역경 극복을 한 학생, 그래서 내면의 힘이 강하면서 잠재력이 풍성한 학생을 선호한다. 그런데 이 '역경 극복'을 오해하는 경우가 많다. 역경 극복 사례를 위해 일부러 극적인 사건을 만들 수는 없지 않냐고 하소연한다. 이것은 역경 극복 스토리를 오해해서 그렇다. 역경 극복은 외부의 비극적인 상황에서만 비롯되는 것이 아니고 내 안에서부터 나오는 것이다.

왜 역경 극복과 문제해결 사례가 없는지 아는가? 도전하지 않고 안주하기 때문이다. 학생 스스로 꿈이 있고 열정이 있으면 뭔가 시도하고 싶고 이 과정에서 자연스럽게 어려움이 생기는데 이것이 바로 역경 극복이다. 학생들 대부분은 시도조차 하지 않고 무미건조하게 십 대를 보낸다. 처음에는 이런저런 시도를 하고 다양한 활동을 해도 어른들 눈에 한심스럽게 보여 뭐라고 소리를 들으면 하기 싫다고 한다. 이럴 때일수록 부모들은 도전해도 괜찮다고 자신이 쿠션 역할, 때로는 안전그물 역할을 해 주어야 한다. 그러면 자신의 '편'이 있다는 생각에 아이들도 이것저것 시도하게 된다. 부모들은 자녀들에게 십 대 때는 뭘 해도 괜찮다고(불법과 비윤리적인 것은 제외) 지지해 주는 것이 좋다.

[사례]
- 위기: 자신이 소속된 동아리가 학교 학생들에게 인기가 없어 존폐 위기에 처함. 설상가상으로 동아리 구성원 모두 불평만 하고 서로 미루기만 함.

- 역경 극복: 자신의 아이디어로 이벤트를 열어 교내 학생들에게 우리 동아리가 재미있는 곳이라고 홍보함. 점점 교내 학생들에게 반응이 좋아 교내 인기 있는 동아리로 바뀜. 이 과정을 학생부와 자소서에서 열정, 리더십, 협력으로 승화시킴.

관계 속에서
함께 꿈꾸고 발전한다

'빨리 가려면 혼자 가고, 멀리 가려면 함께 가라'는 말이 있다. 학생부종합전형은 '개인'의 역량도 평가하지만 '우리'에 더 큰 의미를 둔다. 이 전형에서 창의적 체험활동이 강조되는 이유이기도 하다. 많은 창의적 체험활동 자체가 혼자서는 불가능하다. 독서도 혼자 하는 것보다 독서 토론을 하면 독서 후 배운 점을 정리하기도 편하다.

학업 관련 활동에서 대학이 중요하게 보는 부분은 교과 수업이든 모둠활동이든, 동아리활동이나 팀을 이루어 참여하는 각종 대회이든 그 활동에서 협동 학습이 이루어졌는가, 어떤 역할을 맡아서, 어떤 긍정적인 결과를 끌어냈는가를 세밀히 본다는 것이다. 그 이유는 이런 협력 과정을 통하여 지원자가 얼마나 성장하였는가를 판단할 수 있기 때문이다. 이것은 자소서 2, 3번을 쓸 때도 중요한 재료가 된다.

두 명 이상 모이면 나타나는 리더십! 리더십 어필을 위해 무조건 임원활동을 해야 한다고 생각하는 학생과 학부모가 많은데 그렇지 않다. 리더십은 동아리, 조별과제활동, 봉사 등에서도 나타난다. 그러니 아이의 성향에 맞는 활동을 선택해 리더십을 어필하는 것이 좋다. 이때 중요한 점은 자신의 역할과 노력이 꼭 들어가야 한다. 그리고 임원활동이든 어떤 활동이든 꼭 리더십을 어필하고 싶으면 작은 것이라도 그 단체에 '변화'가 나타난 것을 어필하면 된다.

[사례]
고등학교 임원인 A양. 아침에 교내 복장 단속을 할 때마다 권위적인 분위기로 인해 아침 등교 분위기가 어두운 것이 마음에 걸렸다. 그래서 A양은 '복장 단속 플래시몹(flash mop)' 아이디어를 낸 다른 임원들과 함께 플래시몹을 만들었다. 그 후 학생들은 아침에 있는 복장 단속을 거부감 없이 받아들였고 이 학교만의 즐거운 이벤트가 되었다.

인성은 무엇보다 진정성과 성장이 중요하다. 학생들은 자소서 3번 문항 '나눔, 협력, 배려를 했던 경험을 쓰라'는 부분에 쓸 것이 없다고 한다. 나눔, 협력, 배려는 성장 키워드와 연결이 되고 이 성장은 학생부와 자소서에서 인성을 증명하는 에피소드가 된다. 그래서 미리 알고 그때그때 느낌을 잘 정리하고 기록하면 인성을 증명하기에 손색이 없을 것이다.

[코칭 포인트] 담임 선생님 및 교과목 선생님과의 관계

학생부 10번 '행동특성 및 종합의견'은 담임 선생님이 기록하는 항목이다. 입학사정관은 학생부 10번을 가장 중요하게 본다. 왜인지 아는가? 1년 동안 선생님이 그 학생을 가장 오랫동안 잘 관찰했다고 믿기 때문이다. 과목별 세부능력 특기사항은 담당 과목 선생님이, 동아리활동은 동아리 지도 선생님이 기록한다. 우스갯소리로 요즘 학생들은 동아리를 고를 때 기준이 학생부를 잘 써주는 선생님이 있는 곳이라고 한다. 선생님과의 관계는 입시를 위해서 중요한 것이 아니라 학생의 건강하고 행복한 학교생활을 위해서 중요하다. 학생부 기록을 위해 무조건 선생님께 잘하라는 것이 아니라 건강한 관계를 맺는 것이 가장 중요하다. 어려울 것 없다. 기본에 충실하면 된다. 그 기본은 바로 '존중'이다. 선생님을 존중하는 태도를 갖고 있는 학생들은 행동으로 그 예의가 드러난다. 그리고 선생님들은 학생들이 질문하고 도움을 요청하면 기꺼이 도와주시는 분들이다. 학생을 위해 존재하는 분들이심을 잊지 말자.

웬만해선 열정을 막을 수 없는
현수, 현지 이야기

많은 학생이 내신과 수능 공부만으로도 시간이 부족하다고 난리를 치는데 창의적 열정으로 자신의 꿈에 맞는 활동을 해나가는 학생들이 있다. 학교에서 시키는 활동들도 모자라 자신이 주체가 되어 다른 활동을 무수히 만들어 내고, 내신 시험공부 기간을 제외한 나머지 모든 시간을 진정성 있는 비교과 활동으로 채워 나가는 학생들이 점점 늘고 있다.

2015년 12월 23일 중앙일보에 나온 서울대 학생부 종합전형에 합격한 쌍둥이 자매의 사례를 살펴보자. 정치외교학과에 합격한 언니 현수와 영어교육과에 합격한 동생 현지. 이 두 자매는 바쁜 고등학교 기간 동안 어떻게 교과와 비교과를 잘 준비할 수 있었을까?

현수는 1학년 때부터 진로 관련 동아리를 시작해 고교 3년간 무려 5개의 동아리 활동을 했다. 다문화가정 어린이 멘토링 동아리, 영어 토론 동아리와 함께 자신이 부족한 분야의 동아리 2개에 더 가입했다. 2학년 때 친구들과 수학 스터디 그룹을 만들었고 3학년 때는 면접에 대비한 시사토론동아리 활동을 했다. 정치외교학과의 경우 학생회장 출신의 구술이 강한 학생들이 경쟁자로 많이 오기 때문에 시사 동아리를 통해 사회 이슈를 공부하면서 배경지식을 쌓고 구술 능력까지 익힌 것이다. 또 재학 중 3편의 소논문을 완성했다. 이 소논문들은 동아리 활동과 교내 프로그램에 참여하면서 이루어진 성과이다. 무엇보다 현수는 논문을 준비하면서 관련 서적을 여러 권 읽게 되어 서울대가 요구하는 자소서 4번 자율문항인 '독서항목'까지 동시에 준비 할 수 있었다. 그리고 이 때 읽은 책은 서울대 심층 면접을 보는데 큰 도움이 되었다. 면접관이 다소 어려운 주제를 질문 했지만 책에서 읽은 내용을 인용하여 대답했기 때문이다.

영어교육과에 입학한 동생 현지는 한 달에 두 번 다문화 어린이들의 공부를 돕고 상담을 해줬다. 사범대 진학을 목적으로 하는 학생이라면 가장 이상적인 봉사활동이다. 그리고 교내에서 열리는 대회에 무조건 참가했다. 영어경시대회 대상, 스페인어 금상을 탔고 수학, 과학 경시대회까지 나가 수상했다. 문과 학생들이 소홀히 하는 수학, 과학대회까지 나간 이유는 무엇일까? 바로 다양한 교과목에서의 학업 성취를 스스로 증명해 내고 싶은 마음 때문이었다.

이 두 자매가 입시에 성공한 비결은 바로 '열정'과 '효율적인 시간 사용' 이다. 이 두 자매는 중간 기말고사가 없는 달과 방학 때는 비교과 활동에 집중했다. 무엇보다 '연결고리 전략'을 잘 활용해 동아리 활동과 소논문, 경시 대회 그리고 자소서 면접까지 동시에 준비가 가능하도록 그 순간에 깨어 최선을 다했다.

학생부 종합전형으로 입시에 성공한 학생들은 이 자매들처럼 대부분 열정적으로 활동한다. 누가 시켜서 억지로 하라고 해서 나올 수 없는 삶이다. 요즘 학생부종합전형에 사교육이 난리라고 하지만 아무리 비싼 입시컨설팅을 해 줘도 궁극적으로 학생이 열정적으로 활동하지 않고 내신공부를 하지 않으면 결국 다 소용없다. 억지로 대학 입학만을 위해 경험을 쌓았다면 다른 사람의 눈에 진정성이 드러나지 않는다. 학생부종합전형 성공! 오직 창의적 열정과 능동적인 활동만이 최고의 전략일 뿐이다.

UNIVERSITY

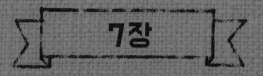

7장

- 고3 학교생활 코칭 -

성공적인 대입을 위한
전력 질주

현실 인식과
목표 재점검

고2 때 이미 마음에 목표를 정한 학교가 있지만 고3이 되어서는 현재 자신의 위치를 냉철하게 분석해 입학전형을 꼼꼼히 살펴야 한다. 2학년까지의 내신성적과 학생부가 얼마나 잘 나왔는지에 따라 고3 때 목표하는 대학이 달라지기 때문이다.

각 대학의 입학 전형 요강은 인터넷으로 검색할 수 있다. 관심 있는 '○○대학교 입학처'를 검색하면 수시·정시 전형 요강은 물론 전년도 지원 결과를 공개하고 있는데, 학교에 따라서는 전년도 경쟁률과 합격 성적도 공개한다. 전형에 대한 지원 자격, 학생부 반영 방법이나 비율, 수학능력시험의 최저등급 기준 유무 등이 자세히 설명되어 있다. 모두 읽어 보면 내가 어떤 전형에 강점과 약점이 있는지 알 수 있고, 보완할 점을 찾을 수 있다. 같은 대학이더라도 전형에 따라서 수능 최저 학력 조건이나 기준 등급이 모두 다르므로 세심히 살펴야 원서를 쓸 때 당황하는 일이 없다.

입시는 밸런스

목표하는 대학이 수능 최저를 충족시켜야 한다면 수능을 꼭 공부해야 한다. 그런데 학생 중에 수능 최저가 없는 대학을 가려는 생각에 아예 수능 공부를 놓고 있는 경우도 많다. 물론 수시 모집에서 원하는 대학에 갈 수도 있다. 그런데 만약을 위해서 고3 때는 수능 공부를 절대 무시해서는 안 된다.

일단, 새 학기가 시작되면 공부에 집중하는 것이 좋다. 3월 이후부터 전국 단위 모의평가가 줄지어 있다. 한국교육과정평가원이 주관하는 고3 모의평가와 교육청 주관의 전국연합학력평가가 이뤄진다. 3월에 치러지는 전국연합학력평가는 고3 수험생들의 첫 '시험대'다. 객관적으로 자신의 위치를 확인해 볼 수 있다. 이 성적을 토대로 자신에게 개념 정리가 더 필요한지, 실전문제 풀이 위주의 학습이 필요한지 판단할 수 있다. 3월의 모의고사 경험을 토대로 서서히 시간 안배 연습을 하며 실전 감각을 끌어올리고, 6월 모의고사까지 자신의 약점을 보완하도록 한다. 6월 모의평가를 본 이후에는 처음 목표한 대학에 그대로 지원 가능한지 중간 점검이 필요하다.

고등학교 3년 동안 내신과 수능을 별개로 생각지 말고 하나로 생각하면 되는데, 내신성적을 위한 공부가 결국은 수능 준비를 하는 것이라고 말하면 학생들은 이상적으로는 맞는 말이지만 현실은 다르다고 힘들어한다. 학교의 중간·기말시험은 매우 상세하게 문제가 출제되므로 학교 시험을 준비하다 보면 그 부분의 수능 공부를 따로 할 필요가 없게 되고, 훨씬 더 이해의 폭이 넓어지며 실력도 향상된다. 그렇게 되면 3학년이 끝날 때쯤 수능준비도 완성되는 셈이고 틈틈이 EBS에서 출판한 교재와 교육과정 평가원 기출문제를 풀어 보완하면 된다.

먼저 3학년에 수업하게 될 과목과 수학능력시험 과목을 비교해 보자. 국어, 영어, 수학 세 과목은 공통이다. 따라서 내신성적을 위해 학교 수업에 충실하면 그 부분에 대한 수학능력시험 준비가 된다. 하지만 탐구 과목은 조금 달라질 수 있다. 내신과 수능 준비가 다를 수도 있다. 예를 들어 3학년 그해 한국지리, 사회문화, 생활과 윤리를 학교에서 수업하게 되고, 학생은 경제, 한국사를 선택할 예정이면 따로 준비할 수밖에 없기 때문이다. 이 부분을 잘 살피고 선택과목을 선택해야 시간을 효율적으로 쓸 수 있을 것이다.

3학년 1학기가 힘든 이유는 수능 공부와 동시에 내신성적도 꼼꼼히 챙겨야 한다는 점이다. 수시는 3학년 1학기 성적까지 반영되고, 특히 서올 상위권 대학은 3학년 학생부 성적 반영 비중이 크기 때문에 1학기 중간·기말고사 성적이 매우 중요하다. 논술전형이나 학생부종합전형을 준비하는 학생이더라도 학생부 성적은 중요한 평가 요소임을 잊어서는 안 된다.

[코칭 포인트] 포기하면 실패한다

대부분 교과 진도는 1학기에 끝난다. 1학기 기말고사 후 3학년 교실은 정말 어수선하다. 수시 준비를 하기도 하고 아예 올해는 끝났다며 재수를 선포하며 놀기도 한다. 수능이 가까우면서 마음이 조마조마하고 스트레스를 받는데 수능 전 합격통지를 받고 노는 친구들도 생겨난다. 이 와중에 흔들리지 않고 묵묵히 나에게만 집중해 최선을 다한다는 것은 대단한 정신력을 갖춘 것이다. 수능 하루 전까지 포기만 안 하면 된다. 이때는 끝까지 최선을 다하는 것만이 전략이다.

3학년 때 할 수 있는
비교과활동은?

고3이 현실적으로 동아리활동과 봉사활동을 하기엔 많은 시간과 노력이 든다. 그래서 필자도 학생들에게 2학년 11월 말까지만 동아리활동을 하라 조언한다. 12월 1일부터는 2학년 2학기 기말고사에만 몰두하고, 겨울방학 때 수능 공부를 하면서 여유만 된다면 비교과활동을 한 두 개 정도 해 보라고 한다.

그중에서도 교내경시대회는 해 볼 만하다. 학업역량과 전공적합성 둘 다 돋보이게 해 주는 것이면 힘들더라도 시도해 보는 게 좋다. 경제학과 진학을 목표로 둔 학생이 있다면 경제경시대회를 준비하면 좋다. 경제 과목은 2학년 학교 수업을 통해서 완성했고, 수능에서 선택할 과목이므로 좀 더 심화학습을 하면 좋은 결과가 있을 확률이 높다. 설사 수상을 못한다 하더라도 자기주도학습역량을 증명하는 좋은 에피소드가 되어서 자소서에도 쓸 소재를 확보하는 것이다. 이 밖에 3학년 때 할 수 있는 비교과활동은 '임원 활동'이다. 그냥 임원을 했다는 것은 소용없고 고3임에도 불구하고 친구들을 섬긴 활동이 있는 것이 좋다.

잘 쓴 자기소개서는
그 사람을 보여 준다

대입 자소서는 자신을 포장해서 쓰는 자소설이 아니다. 고등학교 3년 학생부 기록을 바탕으로 자소서를 쓰는 것이다. 이것을 잘 모르고 학생부 따로, 자소서 따로 엉뚱하게 작성하는 학생이 있다. 무엇보다 자소서는 3학년 때만 쓰는 것이 아니라 1, 2학년 때부터 꾸준히 연습해 놓는 것이 좋다. 계속 여러 번 써 보면 학생부의 사건만 나열하는 것이 아닌 자신을 잘 보여 줄 수 있는 '스토리'를 엮어낼 수 있다.

평가자가 자소서를 다 읽은 후 지원자의 모습이 형상화될 수 있다면 굉장히 잘 쓴 대입 자소서다. 1번 항목은 지적능력인 지원자의 머리, 2번 항목은 열정적인 활동 능력인 지원자의 팔과 다리, 3번 항목은 건강하고 따뜻한 사회성과 인성 능력인 지원자의 가슴을 느낄 수 있게 쓴다면 학생부의 객관적 기록을 입체적으로 평가하는 데 도움이 된다. 합격하는 자소서는 학생부와 조화되고, '성장'이 담긴 에피소드로 학생만의 고유한 스토리가 담겨 있다.

자기소개서 문항별 작성 원리

1번 문항. 고교 재학 기간 중 학업에 기울인 노력과 학습 경험을 기술해 주시기 바랍니다. (1,000자 이내)

1번을 통해 학업역량을 주로 평가하는데 서술이 진로와 관련된 전공과목에 관련된 자기주도학습 과정까지 담기면 전공적합성까지 자연스럽게 평가된다. 1번은 전공이나 관심 분야와 관련한 다양한 학습경험을 끌어내기 위한 항목이다. 하지만 학생들 대부분은 성적을 어떻게 올렸는지를 쓰는 데 주력한다. 가장 흔하게 등장하는 레퍼토리가 '고등학교에 입학해서 처음 본 어려운 중간고사에 좌절하여 플래너, 오답노트, EBS를 활용하여 성적을 올렸다'이다.

자신의 관심 분야와 관련된 곳에서 자기주도학습 과정을 통해 지원자의 지적 호기심과 지적 성취 능력을 보여 주면 된다. 교내활동으로 제한하고 있지 않은 점도 주목할 필요가 있다. 외부활동이 공식적으로 금지된 상황에서 이 문항을 어떻게 활용하느냐가 중요한 전략이 될 수

있다.([코칭 포인트] '학업역량을 뽐내면서 학생부에 기록할 수 있는 외부활동' 참고)

자소서를 작성할 때 학생부 중 수상경력, 교과 세부능력 및 특기사항, 독서활동 및 동아리활동 상황 등을 참고하여 작성하면 보다 쉽다.

2번 문항. 고교 재학 기간 중 의미를 두고 노력한 교내활동을 3개 이내로 기술해 주시기 바랍니다. (1,500자 이내)

교외활동을 원천적으로 배제하여 교내활동에 중점을 두고 충실히 학교생활을 하도록 한 것이다. 분량이 가장 많고 주제가 명확히 정해져 있지 않아 이 문항이 가장 큰 변수가 될 수 있다. 역경 극복, 진로활동, 리더십 사례 등 다양한 소재로 차별화하여 기술할 수 있다. 교내활동에 초점을 맞춰 진로에 맞는 비교과활동을 꾸준히 해 온 학생들이 유리하다. 입학사정관은 전공적합성과 학생의 열정을 평가한다.

교내활동을 기록함에 있어서도 활동 자체보다는 그 활동을 경험한 후 자신에게 어떠한 변화가 일어났는지 자신만의 가치나 철학을 담는 것이 중요하다. 즉, 전국에 비슷한 활동이 정말 많지만 '성장'은 모두 다 다르기에 이 '성장'에 중심을 맞추어 서술한다면 전혀 어렵지 않다.

인성 중에서도 공동체의식을 평가하려는 항목으로 읽는 이가 공감할 수 있는 스토리여야 한다. 특히 대학들이 인성을 평가 요소의 중요 척도로 강조하고 있는 추세이므로 학교생활 중 공동체 지향적인 태도를 보였는지를 살펴보겠다는 의미로 파악하면 되겠다. 학생들은 대체로 동아리활동, 봉사활동, 축제와 체육대회 등의 행사, 학급자치생활 등을 많이 다루는데 적절한 에피소드를 자신이 지원하려는 목표 대학의 인재상과 연관 지어 서술해도 좋다. 예를 들어 고려대는 '공선사후정신'과 '성실성' '리더십'이 인재상인데 만약 공선사후정신과 연관된 에피소드가 있다면 잘 연결되게 써 보자. 3번 문항은 얼마나 진정성 있고 깊이 있는 서술을 하느냐에 따라 변별력이 결정된다고 하겠다.

학생을 종합적으로 파악하기 위해 필요한 경우 대학별로 1개의 자율문항을 추가하는데 글자 수는 1,000~1,500자로 대학이 선택한다. 주

240

로 '지원동기 및 향후 진로계획'에 대해 묻는데 아무 생각 없이 학교 활동을 하고 자소서에 꿰어 맞춘 학생들은 4번을 구성할 때 가장 어려워한다. 1번에서 3번까지 학생의 개성 있는 과거의 자기성찰을 보여 주었다면 이제는 '미래'를 보여 주어야 한다. 현재는 우수한데 미래가 궁금하지 않은 학생보다는 현재는 조금 부족해 보여도 미래가 기대되는 학생들이 있다. 이들의 공통점은 학업계획이나 진로계획이 천편일률적이지 않다는 점이다. 최근에는 많은 학생이 지원학교 지원학과의 홈페이지를 참조하여 이런저런 전공 수업을 듣고, 어디 외국대학의 교환학생을 다녀온 후 이런 곳에 취직하고 싶다는 식의 비슷한 진로 계획을 제출한다.

아직 어린 나이에 확고한 인생길과 장래성을 보여 주기는 쉬운 일이 아니다. 그러나 십 년 후 나는 어디에서, 무엇을 하며 어떤 모습으로 살고 있을까? 틈틈이 학교생활을 하는 중에 질문을 던져 보자. 이상적인 십 년 후 나의 모습이 그려진다면 그 자질을 키우기 위해 어떤 노력을 기울여야 할지 스케치할 수 있다. 입시를 위한 만들어진 조건이 아니라 꿈을 향한 자질을 키운다고 생각하면 된다. 꿈을 향한 고민과 노력, 시행착오와 열정 등 이 모든 성찰이 4번에서 입학사정관이 보고 싶은 것이다. 4번 문항은 이 책의 고등학교 1학년 파트(5장 '꿈을 차별화하고 구체화하는 방법')를 참고하면 도움이 된다.

[코칭 포인트] 대학별 4번 자율문항

대학	자율문항
가톨릭대학교	자율문항 없음
건국대학교	자율문항 없음
경희대학교	지원자의 교육환경(가정, 학교, 지역 등)이 성장 과정에 미친 영향과 지원 학과에 지원한 동기, 입학 후 학업(진로)계획에 대해서 기술하세요.(1,500자 이내)
고려대학교	해당 모집 단위에 지원한 동기와 준비 과정을 기술하라.(1,000자)
광운대학교	본교에 지원하게 된 동기와 입학 후 학업 계획 및 향후 진로 계획에 대하여 구체적으로 기술해 주시기 바랍니다.(1,000자 이내)
국민대학교	전공 지원 동기와 고등학교 재학 기간 중 지원 분야의 진로탐색을 위해 도전한 경험에 대해 기술해 주시기 바랍니다.(1,000자 이내)
덕성여자대학교	자신이 목표한 꿈을 이루기 위해 중요하게 생각하고 추진해야 할 사항을 나의 장점 활용과 단점 보완 측면에서 기술해 주시기 바랍니다.(1,000자 이내)
동국대학교	동국대학교에 지원하게 된 동기와 입학 후 학업 계획 및 향후 진로 계획에 대하여 기술해 주시기 바랍니다.(1,000자 이내)
동덕여자대학교	자율문항 없음
명지대학교	자율문항 없음
삼육대학교	대학 입학 후 학업 계획과 진로 계획에 대해 기술해 주시기 바랍니다.(1,000자 이내)
상명대학교	자율문항 없음
서강대학교	아래의 주제를 선택하여 자유롭게 기술하시오. (복수 선택 가능, 총 1,000자 이내) □ 지원자의 환경(가정, 학교, 지역, 국가 등)적 특성이 지원자의 삶에 미친 영향 □ 최근 3년간 지원자의 개인적 관심 또는 역량 계발에 대한 경험적 사례 □ 기타(자유롭게 주제를 정하여 기술)

서울과학기술대학교	고등학교 재학기간 중 모집 단위와 관련된 노력(교과 및 비교과)을 중심으로 본교가 지원자를 선발해야 하는 이유를 기술해 주시기 바랍니다.(1,000자 이내)
서울교육대학교	우리 대학에 지원한 동기와 교사로서 본인의 강점을 설명하고, 국가·사회 발전에 기여할 수 있는 교사의 역할에 대하여 기술해 주시기 바랍니다.(띄어쓰기를 포함하여 1,500자 이내로 작성)
서울대학교	고교 재학 기간 또는 최근 3년 간 읽었던 책 중 자신에게 가장 큰 영향을 준 책을 3권 이내로 선정하고 그 이유를 기술하여 주십시오. ▶ '선정 이유'는 각 도서별로 띄어쓰기를 포함하여 500자 이내로 작성 ▶ '선정 이유'는 단순한 내용 요약이나 감상이 아니라 읽게 된 계기, 책에 대한 평가, 자신에게 준 영향을 중심으로 기술
서울시립대학교	지원 동기와 향후 진로 계획에 대해 구체적으로 기술해 주시기 바랍니다.(학부·과 인재상을 고려하여 기술, 1,000자 이내)
서울여자대학교	자율문항 없음
성균관대학교	자율문항 없음(고른 기회전형은 본인의 성장 과정과 경험이 가치관 형성에 미친 영향)
성신여자대학교	고교 재학 기간 동안 어떤 꿈(비전)을 갖고 학교생활에서 어떻게 노력해 왔으며, 대학 입학 후 그 꿈을 실현하기 위한 학업 및 진로 계획에 대해 기술해 주시기 바랍니다.(1,000자 이내)
세종대학교	대학 입학 후 학업 계획과 향후 진로 계획에 대해 기술하세요.(500자 이내)
숙명여자대학교	지원 동기와 지원 분야의 진로 계획을 적고, 이를 위해 어떠한 노력과 준비를 해왔는지 기술해 주시기 바랍니다. 단 진로 계획을 위한 노력과 준비는 교내활동을 중심으로 작성하며, 교외활동 중 학교장의 허락을 받고 참여한 활동은 작성 가능합니다.(1,000자 이내)
숭실대학교	지원 동기와 대학 입학 후 학업 계획 및 향후 진로 계획에 대해 기술해 주시기 바랍니다. (1,000자 이내)

연세대학교	고등학교 재학 기간 중 진로 선택을 위해 노력한 과정 또는 개인적인 어려움이나 좌절을 극복한 과정을 사례를 들어 구체적으로 기술해 주시기 바랍니다.(1,000자 이내) *전형마다 다름
이화여자대학교	자율문항 없음
중앙대학교	아래에 제시된 평가 요소 중 추가로 보충하고자 하는 내용에 대하여 구체적인 사례를 중심으로 기술해 주시기 바랍니다.(1,500자 이내) (평가 요소) ☐ 일반형/고른기회전형: 학업역량, 지적탐구역량, 성실성, 자기주도성/창의성, 공동체의식 ☐ 심화형: 지적탐구역량(관심분야에 대한 흥미와 열정, 탐구 능력)
한국외국어대학교	지원 동기와 학업 계획을 중심으로 자신의 향후 진로에 대해 기술해 주시기 바랍니다. (1,000자 이내)
한양대학교	자기소개서 없음
홍익대학교	자기소개서 없음. 종합전형으로 미대만 선발. 세종캠퍼스만 일반학과 선발

※주의: 변경될 수도 있으므로 지원하는 대학교 홈페이지를 꼭 살펴보시길 바랍니다.

성공 면접을 위한
기본 전략

지원 대학에 제출한 자신의 서류(학생부, 자소서, 학업계획서 등)의 내용을 아는 게 대입 면접의 기본이다. 입학사정관은 이제 면접을 통해 학생 서류의 진정성을 확인한다. 따라서 고교 3년간의 학교생활을 통한 교과활동(교과성적, 수상실적, 세부능력 및 특기사항)과 비교과활동(자율활동, 동아리활동, 봉사활동, 진로활동)을 꼼꼼히 살펴보고 자소서에 기재한 것을 주요 키워드로 머릿속에 구조화할 필요가 있다. 모든 내용을 억지로 암기하면 실전에서 말할 때 꼬일 수 있기 때문에 머릿속에 키워드와 구조만을 정리해서 두서없이 말하는 일이 없도록 하자.

면접에서 말할 소재의 구조 정리란 학생부와 자소서를 통해 자신이 어떻게 변화하고 성장했는지, 공동체활동 중에 발생한 갈등을 어떻게 극복했는지, 여러 활동에 참여하게 된 동기, 과정, 결과에 대한 정리를 미리 해 두는 것이다. 그런 다음 이러한 활동과 자질들이 자신이 지원한 학교, 학과와 어떤 관련이 있는지 그 '연관성'을 입학사정관에게 표현하도록 이끌어야 한다.

[코칭 포인트] 대학별 면접 진행 방식과 기출 문제

지원 대학, 지원 학과에 따라 면접 유형 및 평가 방법이 다르므로 지원 대학과 학과의 출제 경향을 정확히 파악하는 것이 필요하다. 이를 토대로 제출한 서류 기록을 꼼꼼히 살핀 뒤, 지원 대학의 평가항목에 맞춰 지원동기, 학업계획, 진로계획 등을 정리하는 것이 바람직하다.

대학	전형 명	면접 평가 방법
건국대	KU자기추천	15분 내외 개별 면접을 통해 전공수학역량, KU 핵심역량, 종합역량평가
경희대	네오르네상스	10분 내외(의학계열 20분 내외)로 공통 질문 및 개별질문을 통해 가치관 및 인성, 전공적합성을 평가
고려대	융합형 인재	2인 이상의 면접위원이 인재상에 부합하는 기본 역량과 융합형 인재로서의 발전가능성이 있는지 심층적 평가
광운대	광운참빛인재	평가위원 2~3인에 의한 개별 심층면접으로 인재상의 핵심 역량(융합적 사고력, 성장잠재력, 인성적 자질 등)에서 도출된 평가 요소에 의한 정성적 종합평가
국민대	국민프론티어	입학사정관 2인 이상 질의응답 형식의 10분 내외 개별 구술면접 제출 서류와 연계한 개별 심층면접을 통해 자기주도성, 도전정신, 전공적합성 및 인성평가
동국대	DoDream	2~3인의 면접위원이 제출 서류를 바탕으로 전형취지 및 적합성, 전공적합성, 발전가능성, 인성 및 사회성을 개별 면접
상명대	상명인재	면접위원 3인이 수험생 1인을 평가 서류를 기반으로 10~15분간 인성, 전공적합성, 발전가능성을 평가
서울과기대	학교생활우수자	평가위원 2인 1조의 다대일 면접으로 제출 서류에 대한 면접을 통해 전공적합성, 발전가능성, 종합평가 등을 평가

서울대	일반전형	모집단위별 공통문항 활용, 지원자 1인에 복수의 면접위원이 15분 내외로 실시 답변 준비시간 30분 내외 제출 서류를 참고하여 추가 질문을 할 수 있음
서울여대	학생부종합평가	다대일면접으로 면접관 2인이 학생 1인을 종합평가 발표면접으로 비판적 사고력, 논리력, 인성 등을 평가하며 서류 확인 면접으로 서류 내용의 진위 확인 및 전공적합성, 인성평가 (현대미술, 산업디자인은 일반면접 실시)
숭실대	SSU미래인재	10분 내외로 제출 서류를 기반으로 인성과 잠재력 등을 평가
아주대	아주ACE(일반)	개인면접(2인 1조의 면접관이 수험생 1인 면접)을 통해 서류 진실성을 검증하고 고등학교 학교생활 내용, 전공적합성 및 인성 평가
연세대	학교활동우수자	인성면접으로 공교육 정상화에 기여하고 고교 교육과정을 충실히 이수한 교양인으로서의 자질(의사소통능력, 자기주도적 활동역량)을 확인하기 위한 면접
이화여대	미래인재	고교 교육의 충실한 이수 여부와 발전가능성, 인성 및 서류의 진위 등을 다수의 면접위원이 종합적으로 평가
인하대	학생부종합	제출 서류 내용의 진위 및 지원자의 인성 파악을 위한 면접과 지원 전공(계열) 인재상에 근거한 핵심 역량을 개별면접을 통해 평가
한국외대	학생부종합 (일반)	인적성 면접으로 서류의 진실성, 전공적성, 인성 등을 종합적으로 평가 10~15분간 다대일 면접으로 진행

※주의: 변경될 수도 있으므로 지원하는 대학교 홈페이지를 꼭 살펴보시길 바랍니다.

모의면접을
진행하는 방법

학교에서 실시하는 모의면접에 참여하거나, 선생님을 면접관으로 설정하고 사전 모의면접 연습을 해 보자. 십 대에게 면접은 낯선 평가 방식이다. 그래서 정말 긴장을 많이 한다. 실제 면접에서 지원자는 전혀 모르는 면접관과 만나게 되므로, 모의면접을 할 때도 지원자들이 친숙하지 않은 사람을 활용해 실제 면접상황과 가장 비슷한 환경으로 연습하면 많은 도움이 될 것이다. 이게 여의치 않으면 친구들끼리 자기 생각을 창의적이고 논리적으로 면접관에게 설명하는 모의면접 연습을 하자. 가능하면 모의면접을 진행할 때 꼭 녹화를 해서 모니터링하면 좋다. 면접에서는 언어적인 요소 못지않게 '태도'와 같은 비언어적인 요소가 굉장히 중요하다. 이 태도에는 눈빛, 몸짓, 말투, 말하는 방식이 모두 포함된다. 예를 들어, 여학생 중에 머리카락을 자꾸 만지고 꼰다거나 남학생 중에 다리를 덜덜 떠는 학생이 있는데 좋은 이미지를 주는 태도는 아니다.

[코칭 포인트] 입학사정관이 밝히는 합격 면접 비결

① 자신이 각 전형에서 선발하고자 하는 인재상에 부합하는지를 설득력 있게 면접관들에게 나타낸다.
② 다른 지원자들과 비교되는 자신의 장점을 부각시키는 노력이 필요하다.
③ 입학 후에 자신이 무엇을 할 수 있을 것인지에 대한 구체적인 목표를 제시해야 한다.
④ 결론부터 말하는 두괄식으로 답한다.

면접관의 의도를 정확하게 파악하고 논리정연하게 말하는 것이 중요하다. 제한된 시간에 자신의 의도를 정확하게 전달해야 하므로 먼저 결론을 말하고 부연 설명을 하는 것이 좋다. 만약 면접관이 자신에게 무엇을 물어봤는지 요점을 파악하지 못했다면 "죄송하지만, 다시 한 번 말씀해 주시겠어요?" 하고 정중하게 묻는다. 괜히 알아들은 척하고 횡설수설 답변하게 되면 마이너스 요소가 된다. 면접관의 한 가지 질문에 대해서 본질과 상관없는 이야기를 길게 늘어 놓으면 다른 질문에 답할 기회를 놓칠 수 있기에 장황하게 답변하는 것은 바람직하지 않다. 대화는 주고받는 것이다. 면접도 소통을 기본으로 한다는 것을 잊지 말자.

수시 원서 접수 직전에
전공을 바꾼 동원이 이야기

학생부종합전형으로 대학에 들어가려는 학생들의 고민은 공통적이다. 바로 활동과 공부를 어떻게 동시에 다 해내느냐는 것이다.

"열심히 활동하느라 많은 시간과 에너지를 들였는데 만약 수시에 합격하지 못하면 어쩌죠?"

"수시를 준비하느라 수능은 수능대로 준비하지 못해 점수가 낮아져서 결국 둘 다 망치는 건 아닌가요?"

이런 고민과 불안감은 수험생에게 굉장한 스트레스를 준다. 나도 전적으로 이해하고 공감하고 때로는 안쓰럽기까지 하다. 그래서 컨설팅과 강의를 할 때 이 부분을 많이 어루만져 주려고 한다. 이럴 땐 자기 자신을 믿는 수밖에 없다. 이때는 부모님들도 자녀가 자신을 믿을 수 있도록 격려해 줘야 한다.

고3 입시 컨설팅을 하다 보면 수시 원서를 쓰는 직전에 학과를 바꾸는 학생도 볼 수 있다. 일찍이 지리교사가 꿈이라 사범대 지리교육과만을 생각하고 교과와 비교과를 열심히 준비한 동원이라는 아이가 있었다. 그러나 이 학생은 사회교육과(특히 지리교육과) 사범대가 사람도 적게 뽑을 뿐 아니라 경쟁력이 없어 보이고 임용고시도 부담스러워 수시 원서를 접수하는 3주 전, 여름방학에 전공을 바꿨다. 그나마 넓게 확장하면 '지리'와 '지구과학'은 연결되기에 학생은 평소에 관심이 있던 '에너지'와 '환경공학'과 관련된 학과로 수시 원서를 썼다. 이 부분이 잘 반영되도록 짧은 시간 안에 자소서를 쓰는 것은 무척 고된 일이었지만 동원이는 진솔하게 자소서를 작성했다. 그 결과 동원이는 원하는 학과에 수시로 합격했다. 비록 학생들을 가르치는 일에서는 조금 멀어졌지만, 자신의 분야에서 전문가가 되어 성공하면 남을 가르칠 기회가 생길지 모르기에 그 분야의 전문가가 되라는 소망을 주었다.

수시 원서 접수 직전에 전공을 바꿔 교차지원을 하는 것이 굉장히 어려운 결정인데 용기를 낸 동원이가 대견스러웠다. 무엇보다 이렇게 용기를 내서 결단을 내린 것도 본인이 치열하게 밤잠 설쳐 가면서 고민하고 결정한 것이라 의미가 있었다. 동원이는 자신이 선택한 것이기에 이제 책임을 지고자 대학교에 가서 하는 공부가 진짜라며 여행을 다니면서 고등학교 때와는 다른 깊이 있는 독서를 즐기고 있다.

아이들은 자기주도적인 삶을 원한다

학생들에게 가장 행복 할 때가 언제냐고 물으면 '게임할 때, 잠잘 때'가 가장 많이 나온다. 우리 아이들은 왜 게임에 미쳐있을까? 게임이야 말로 '자기주도적 활동'의 샘플이기 때문이다. 억눌린 일상과 달리 게임 안에서는 어느 누구보다 굉장히 자기 주도적이고 주인의식을 발휘한다. 심지어 어떤 아이는 창조주까지 된 느낌이란다.

대한민국 청소년은 자신이 삶을 주도하고 싶은데 단 한 번도 자신의 삶을 주도해 본 적이 없다. 안에 뭔가 꿈틀대서 주도적인 활동을 해보고 싶은데 주도적인 활동이 뭔지 조차 모르겠다. 평소 성적과 경쟁에 억눌린 감정을 즐거운 자기주도적인 활동에서 발산을 해야 하는데 활동이 부족하다보니 게임에만 빠져든다. 게임 앞에서 짓눌린 억압이 풀어지면서 즐겁고 행복하다. 그런데 게임보다 더 의미 있고 가치 있는 '쾌락'이 있다면? 자기주도성과 열정을 발휘하는 체험과 활동이 있다면 어떻게 될까? 아마 게임은 거들떠 보지도 않을 것이다.

우리는 동아리 활동과 봉사활동 등 '남을 돕는 경험'을 통해 많은 것을 얻는 아이들을 봤다. 남을 돕는 경험이야말로 자존감을 높이는 최고의 수단이다. 공부를 못해서 자신이 쓸모없다고 여긴 학생이 있었다.

"학생 왜 이렇게 야무져? 서글서글하니 성격이 좋고 나중에 뭘 해도 성공하겠어."

이 한마디를 듣고 '아 내가 이런 장점이 있었나?' 하면서 자존감이 높아진 아이가 있었다. 삶의 목표는 저절로 생기지 않는다. 가치 있는 체험을 통해 삶의 '목표'가 생긴다. 자기주도적인 가치 있는 체험을 하나하나 해 가면서 얻어지는 성취감을 통해 점점 목표가 확장되는 것이다. 이것이 성장 아닐까? 거창한 것이 아니어도 좋다. 하루 종일 학교와 학원에서 듣기만 하는 주입식 수업 말고 체험을 통해서 느껴지는 생생한 '성장 감정'이 있다.

'어? 난 이런 것을 좋아하는구나. 어? 난 이게 조금 남들보다 뛰어난 거 같아.'

'드라마 볼 때랑 다르네? 난 이 부분은 조금 맞지 않을 거 같아.'

이런 깨달음이야 말로 '자기주도적 활동'을 통해 이루어진다. 이제 대한민국은 자유학기제와 학생부종합전형이 본격적으로 시행된다. 이때 가장 중요한 것은 아이들을 믿고 지지해 주는 것이다. 지지고 볶고 어설프고 넘어져도 자녀가 자기 스스로 그 활동을 선택 했다면 잘하기 위해서 여기저기서 정보를 찾고, 도움을 구하고 문제가 생긴다면 하나하나 해결해 나갈 것이다. 만약 실패했다면 그 나름의 깨달음이 또 있을 것이다. 선택에 대한 책임을 지는 법을 훈련하는 과정 자체가 최고의 공부이기 때문이다. 그리고 이 진짜 공부가 학교생활 안에서 이루어져야 우리 아이들이 밝고 행복하고 씩씩하게 인생을 살아나갈 것이다. 이 책을 통해 '학교생활'이 그냥 공부만 하는 곳이 아니라 성공과 성장의 씨를 키우는 '인큐베이터'가 될 수도 있다는 인식의 전환이 되길 바란다.

한 권으로 보는 자유학기제 & 학생부종합전형 학년별 통합로드맵

학교생활 잘 해야
대학도 잘 간다

초판 1쇄 발행 2016년 4월 8일
초판 2쇄 발행 2016년 7월 22일

지은이 임명선, 정학경

펴낸이 민혜영
펴낸곳 카시오페아
주소 서울시 마포구 월드컵북로 400 문화콘텐츠센터 5층 출판창업보육센터 8호
전화 070-4233-6533
팩스 070-4156-6533
홈페이지 www.cassiopeiabook.com
전자우편 cassiopeiabook@gmail.com
출판등록 2012년 12월 27일 제385-2012-000069호
디자인 김태수 ehsoo@naver.com

임명선, 정학경 © 2016
ISBN 979-11-85952-39-0(43370)

이 도서의 국립중앙도서관 출판시도서목록(CIP)은 서지정보유통지원시스템 홈페이지(http://seoji.nl.go.kr)와
국가자료공동목록시스템(http://www.nl.go.kr/kolisnet)에서 이용하실 수 있습니다.
(CIP제어번호: 2016008198)